문학과지성 시인선 **333**

시간의
부드러운
손

김광규 시집

문학과지성사

문학과지성사에서 펴낸 김광규의 시집

우리를 적시는 마지막 꿈(1979)
아니다 그렇지 않다(1983)
크낙산의 마음(1986)
좀팽이처럼(1988)
아니리(1990)
물길(1994)
가진 것 하나도 없지만(1998)
누군가를 위하여(2001, 시선집)
처음 만나던 때(2003)
하루 또 하루(2011)
오른손이 아픈 날(2016)

문학과지성 시인선 333
시간의 부드러운 손

초판 1쇄 발행 2007년 5월 18일
초판 6쇄 발행 2017년 5월 26일

지 은 이 김광규
펴 낸 이 우찬제 이광호
펴 낸 곳 ㈜문학과지성사

등록번호 제1993-000098호
주   소 04034 서울 마포구 잔다리로7길 18(서교동 377-20)
전   화 02)338-7224
팩   스 02)323-4180(편집) 02)338-7221(영업)
전자우편 moonji@moonji.com
홈페이지 www.moonji.com

ⓒ 김광규, 2007. Printed in Seoul, Korea

ISBN 978-89-320-1781-5 03810

이 책의 판권은 지은이와 ㈜문학과지성사에 있습니다.
양측의 서면 동의 없는 무단 전재 및 복제를 금합니다.

문학과지성 시인선 333
시간의 부드러운 손

김광규

2007

시인의 말

2003년 여름부터 4년 동안 발표한 작품 가운데 72편을
골라서 아홉번째 시집을 펴낸다.

그동안 36년을 종사해온 교직 생활을 마감하고
전업시인의 길로 들어섰다. 듣기 좋게 말하자면
생애 종반의 전환기에 접어든 셈이고, 솔직하게 말하자면
시간의 손에 등을 떠밀려 세속의 생업 현장에서 물러선 셈이다.

그래도 시작에 전념할 일이 여생의 수업으로
남았으니, 다행이라고 할까. 체념과 초탈의 시점에 이를
때까지 노년을 부끄러움 없이 살아가면서,
내 몫의 진솔한 글을 써보려고 한다.

2007년 봄
김광규

시간의 부드러운 손

차례

시인의 말

제1부 산길

춘추(春秋) 11
산길 12
달밤 13
게 다리 선인장 14
밤바다 15
청단풍 한 그루 16
산 아래 동네 18
담쟁이덩굴의 승리 20
해협을 건너서 22
가을 거울 24
마지막 잎새들 25
언덕 위의 이층집 26
팽나무 27
이대목의 탄생 28
땅거미 내릴 무렵 30

제2부 핸드폰 가족

핸드폰 가족　33
어느 금요일　34
비 오는 주말　36
우리 아파트　37
세발자전거　38
그리마와 더불어 2　40
강북행　42
소리　43
새 이웃　44
면장갑 한 켤레　46
잠깐 동안 정전　48
움직이는 성곽　50
알트슈타트　52
법인(法人)의 집　54
클라인하우젠 일기　56

제3부 비둘기들의 행방

십장생보다 오래　61
비둘기들의 행방　62
새천년　64
책의 용도　65
잃어버린 비망록　66
돌아오지 않는 강　68
든든한 여행　69

화산이 많은 나라　70
짧은 예언　72
증손자의 꿈　73
태평양 건너　74
을유년 새해 아침　76

제4부　치매환자 돌보기

귀여운 돌고래　81
이른 봄　82
어느 날　83
몸의 소리　84
대원군의 늘그막　85
우체통　86
놀지 않고 쉬는 날　88
배추꼬랑이　90
어둡기 전에　92
전화번호 지우기　94
오래된 친구들　96
문자 메시지　98
치매환자 돌보기　100
높아지는 설악산　102
백지 앞에서　104
지하실이 있는 집　105

제5부 하얀 눈 푸른 물

생사(生死) 111
하얀 눈 푸른 물 112
까맣고 부드러운 어둠 114
난초의 꽃 116
물의 모습 3 118
남김없이 120
크레파스 풍경화 121
남긴 이야기 122
멀미 123
오래된 공원 124
슈테른베르크의 별 126
강산 127
효자손 128
겨울 아침 130

해설 | 가을 거울'의 진실, 혹은 세월의 미학 · 우찬제 131

제1부 산길

춘추(春秋)

창밖에서 산수유 꽃 피는 소리

한 줄 쓴 다음
들린다고 할까 말까 망설이며
병술년 봄을 보냈다
힐끗 들여다본 아내는
허튼소리 말라는
눈치였다
물난리에 온 나라 시달리고
한 달 가까이 열대야 지새며 기나긴
여름 보내고 어느새
가을이 깊어갈 무렵
겨우 한 줄 더 보탰다

뒤뜰에서 후박나무 잎 지는 소리

산길

혼자서 산길을 올라갑니다
길바닥에는 황토 흙과 돌멩이와 잡초 들
산비탈에는 소나무 참나무 왕벚나무 들
청설모와 다람쥐가 나는 듯이 오르내리고
멧비둘기와 산까치 들 짝을 부르고
골짜기 물소리와 그윽한 숲 냄새
멀리 산봉우리 위로 떠도는 구름
어느 산이나 오솔길은 비슷하지요
등산객이 많은 곳 아니라 해도
싫증나지 않는 한적한 산길 곳곳에
흙과 돌과 풀과 나무처럼 소박하고
정겨운 사람들 동행으로 벗 삼고
아내와 남편으로 맞이하라는
속삭임 귓전에 아련히 감돌다가
산길을 내려올 때 차츰 뚜렷하게
들려옵니다 그러나 너무 늦게서야
그 소리 알아듣지요

달밤

한가위 달빛 아래
유리창에 비치는 후박나무
그림자
보았나

가을바람에 가늘게 흔들리는 나무
가지와 잎사귀 들 수런거리는
소리
들어보았나

꼼짝 않고 멍하니 아무 생각도 없이
혼자서
창문 앞에
앉아 있었나

아니면 나뭇잎들 사이로 들여다보는
달과
둘이서 한밤
새우고 있었나

게 다리 선인장

플라스틱 화분에 심어 층계참
벽감에 놓아둔 볼품없는
게 다리 선인장
끝마디가 가려운 듯하더니
3월 하순 소리 없이
연분홍 꽃 가녀리게 피어나
한 송이 두 송이
수줍게 계단을 밝히고
그윽하게 번지는 생기
집 안에 가득
가족밖에 보는 사람 없어도
게 다리 마디마디 끝에서 퍼져 나오는
소박한 아름다움 때문에
도자기 화분에 담긴 외래종
라벤더의 화려한 향기가 오히려
천박하게 느껴지는 봄

밤바다

집어등 눈부시게 바다를 밝히는 한밤중
어선들 주변으로 떼 지어 몰려드는
오징어와 갈치 들 앞 다투어
줄줄이 갑판으로 잡혀 올라온다
깊은 물속 어둠을 헤치고 다니던
물고기의 날카로운 눈도 아무 쓸모없이
빛의 꾐에 홀려서
목숨을 잃어버린다
죽음의 불빛들 찬란하게 반짝이는
수평선의 아름다운 야경

청단풍 한 그루

물 한 번 주지 않았다
타이어 고무줄로 뿌리를 칭칭
동여맨 채 바싹 말라버린
어린 나무 한 그루
신축 건물 외벽과 시멘트 블록 담 사이
마른땅에 되는대로 꽂아놓고
준공검사 끝나자마자
시공업자는 서둘러 철수했다
그리고 긴 가뭄
비 한 번 오지 않았다
봄이 되어도 꽃 필 줄 몰라
죽은 줄 알았다
목숨의 흔적도 찾을 수 없이
4월이 가고
초여름
어느 날 갑자기
쌀알처럼 작은 꽃과 연녹색 잎
한꺼번에 돋아났다

강인하구나
좁은 땅에 한갓 나무로 태어났어도
광야의 꿈 키우며
제 몫의 삶 지켜가는
청단풍 한 그루

산 아래 동네

해마다 뒷산에 소쩍새 찾아와
여름내 밤새도록 목쉰 소리로 울어댑니다
어렸을 적이나 지금이나 변함없이
부엉이도 밤이면 청승맞게 울어대지요
꾀꼬리와 뻐꾸기는 낮에만 노래 부르고
장끼는 언제나 느닷없이 꿩꿩 우짖습니다
뒤꼍 장독대 옆 깨진
오지항아리 뚜껑에 모이를 뿌려주면
눈치 빠른 비둘기와 까치와 참새 들
앞 다투어 밥그릇으로 날아듭니다
까마귀와 직박구리도 소란스럽게 끼어들지요
할머니와 어머니가 주시던 개밥은
요즘 아내와 딸아이가 챙겨줍니다
복실이는 반가우면 꼬리 흔들고
밥 주는 식구에게는 혀를 날름대지요
개밥을 넘보던 옆집 고양이가 때로는
혼쭐이 나서 도망가기도 하지요
철 따라 노래하고 울어대고 멍멍 짖고 야옹거리는

저들을 우리는 새와 개와 고양이라 부르지만
여름마다 잊지 않고 찾아오는 철새와
낯익은 텃새와 정든 집짐승 들
새 아파트 따라 옮겨 다니지 않고
몇 백 년 수십 대를 이어가며
산 아래 동네에서 살고 있습니다
주민등록 없어도 산에서
집에서 어울려 살아가는 이들은
우리 동네 이웃들 아닐까요

담쟁이덩굴의 승리

대추나무와 후박나무, 단풍나무와 감나무가 몇 십 년 동안 뿌리 내리고 자라온 뒤뜰 장독대 근처에, 담쟁이덩굴이 느릿느릿 기어왔습니다. 벽돌담보다 더 높이 자라서 제각기 품위를 뽐내는 큰 키 나무들이 담쟁이덩굴을 측은하게 내려다보았습니다. 뱀처럼 땅바닥이나 담벼락을 기어다니고, 혼자서 똑바로 설 수 없는 담쟁이가 불쌍했던 것입니다.

그러나 담쟁이에게는 자기가 가야 할 길이 있습니다. 한곳에서 평생을 살고 있는 큰 키 나무들의 영역, 뒤뜰을 떠나서, 벽돌담을 타고 넓은 앞마당을 지나서, 대문을 넘어서 집 밖으로 나가보려는 소망이지요.

뒤뜰 벽돌담으로 기어올라간 담쟁이는 덩굴손의 빨판으로 벽돌 사이의 홈을 단단히 붙들고, 조금씩 앞으로 나가기 시작합니다. 처음 생각했던 것과 달리 담쟁이덩굴은 자꾸만 아래로 늘어집니다. 벽면에 붙어서 지나가려니까, 중력을 벗어나기 힘들기 때문이지요. 장독대와 앞마당 대문 사이의 벽돌담 중간지점까지 완만한 하강곡선을 그리며 밑으로 처져 내려온 담쟁이는 땅바닥에 닿지 않으려고 온 힘을 다해서 머리를 쳐들었습니다. 그리고 차츰 상승곡선을 그리며 위쪽으로 기어올라갑니다.

온갖 안간힘 끝에 담쟁이덩굴은 마침내 앞마당 대문 지붕 위에 도달했습니다. 그동안 삼 년의 세월이 흘러갔고, 붉은 벽돌담 한가운데 담쟁이 줄기가 갈색의 현수선을 굵직하게 남겨놓았습니다. 뒤뜰의 큰 키 나무들이 지붕 위에 올라온 담쟁이덩굴에게 부러운 경탄의 몸짓을 바람에 실어 보냅니다.

하늘을 향해서 우뚝우뚝 선 이 고고한 큰 키 나무들과 달리, 담쟁이덩굴은 느린 속도로 넓게 퍼져가면서, 모든 땅과 벽과 지붕을 남김없이 뒤덮고, 결국 온 동네를 점령하게 되었습니다.

해협을 건너서

광활한 산자락에서 이백 년간 평화롭게
살아온 마을
돌연한 화산 폭발로
순식간에 폐허가 되었다
목조건물 이층집 지붕 몇 개만
땅 위에 남겨놓은
대지의 폭력에 동의할 순 없지만
눈 앞에 보이는대로
받아들이는 수밖에 없었다
아직도 용암 자국 뚜렷한 산봉우리
뒤돌아보며 갈매기들과 함께
시마하라 만(島原灣)을 건넜다
망망대해는 아니었다 그러나
버스와 화물차와 승용차 만재한 페리선을
일엽편주처럼 흔들어대는
엄청난 물을 보고 바다의 힘을
인정할 수밖에 없었다
바다와 산

물과 불을
대안 없이 수락하며
무기력하게 해협을 건너서 우리는
겸손하게 여행을 계속했다

가을 거울

가을비 추적추적 내리고 난 뒤
땅에 떨어져 나뒹구는 후박나무 잎
누렇게 바래고 쪼그라든 잎사귀
옴폭하게 오그라진 갈잎 손바닥에
한 숟가락 빗물이 고였습니다
조그만 물거울에 비치는 세상
낙엽의 어머니 후박나무 옆에
내 얼굴과 우리 집 담벼락
구름과 해와 하늘이 비칩니다
지천으로 굴러다니는 갈잎들 적시며
땅으로 돌아가는 어쩌면 마지막
빗물이 잠시 머물러
조그만 가을 거울에
온 생애를 담고 있습니다

마지막 잎새들

한여름 지나면 플라타너스 가로수
나뭇잎들 피곤하다
여름내 땡볕에 그을리고
장마철 비바람에 생채기 나고
먼지와 매연에 시달리면서
그래도 가을이 올 때까지
열매가 익을 때까지
참고 견딘다
낙엽으로 떨어져 길에서 밟히다가
쓰레기 수거차에 실려가
마침내 흙으로 돌아갈 때까지
찬바람에 흔들리며
나뭇가지 끝에 매달린 채
힘 빠진 두 손을 놓지 않는다
늙어가는 부모들처럼
세상을 떠나려 하지 않는다

언덕 위의 이층집

　숙박비가 비싸서 정들지 않는 호텔을 나와, 언덕 위의 이층집을 찾아갔다.
　페인트 칠이 벗겨진 나무 창틀 너머로 동해 바다 한 자락 보이고, 중남미의 옛 노래가 LP축음기에서 흘러나오는 시골 다방. 맛없는 커피가 나오는 그 다방이 아직도 있는지…… 가슴 두근거리며 언덕길 올라와 보니,
　늦었다. 이미 너무 늦었다.
　불도저가 그 일대를 헐어내고 있었다. 개발지역에 편입된 모양이었다.
　집들이 무너질 때마다 흙먼지가 눈앞을 가리고, 소음 때문에 귀를 막지 않을 수 없었다. 살점이 잘려나가는 듯한 비명이었다.
　어떻게든지 저것을 막았어야 하는데…… 머지 않아 등대보다 더 높은 고층빌딩과 파도 소리를 막아버리는 위락시설이 들어서겠지. 바다는 내려다보는 것이 아닌데……
　심장이 터질 듯 뛰고, 부정맥 현상은 한동안 가라앉지 않았다.

팽나무

일주문 앞 개울가에
앉은뱅이 팽나무 한 그루
세발낙지 물구나무선 모습으로
사백오십 년을 버텨온 고목
다섯 개의 목발을 짚고
서 있다기보다는 주저앉아
위로 자라는 대신 옆으로 퍼지면서
시커먼 바위가 된 딱딱한 몸뚱이
세 아름이나 불려왔구나
못생긴 덕택에
위엄 있게 살아남아 오늘까지
달 마을 지키는 팽나무
정승 댁 송덕비보다 신령스러워

이대목의 탄생

 손바닥 모양으로 갈라진 커다란 잎이 벽오동(碧梧桐)과 비슷해서, 이 화초를 우리 집에서는 그냥 벽오동이라고 불러왔다. 여름에는 바깥에 내놓고, 겨울에는 거실에 들여놓으며, 이 벽오동을 길러온 지, 어느새 삼십 년이 넘었다.
 올봄에도 4월 말에 뜰로 내놓고, 우유와 녹차 찌꺼기로 거름을 대신했는데, 시름시름 앓다가 잎이 시들어 떨어지더니, 하지가 지나도록 새잎이 돋아나지 않았다. 식물도 늙으면, 죽는구나. 그래도 혹시 되살아나지 않을까. 틈나는 대로 쌀뜨물도 주고, 화분의 잡초도 뽑아주었다.
 거무튀튀한 줄기만 남은 화분을 마당 한 귀퉁이에 놓아두고 보려니, 마음이 언짢았다. 이것이 무슨 조짐일까. 속으로 은근히 겁이 나기도 했다. 내 자신이 신병을 확인하기 싫어서, 종합검진을 받으러 병원에 가기를 꺼리는 터라, 더욱 그랬다.
 그런데 오늘, 대서를 앞둔 초복날 아침에, 벽오동 밑동의 줄기에서 연초록 이파리가 작은 주먹을 펼치

듯 돋아나고 있지 않은가. 대추나무를 타고 올라간 늦깎이 능소화가 주황색 꽃송이를 뚝뚝 떨어뜨리는 칠월 중순에, 때늦게 벽오동의 유복자가 태어난 것이다.

  끈질긴 생명의 경이와 환희를 보여준 이 화초의 본명을 찾아주기는 쉽지 않아, 우선 새 이름을 붙여주었다. 대를 이어 되살아난 나무, 이대목(二代木)이라고.

땅거미 내릴 무렵

짙푸른 여름 숲이 깊어갑니다
텃새들의 저녁 인사도 뜸해지고
골목의 가로등 하나 둘 켜질 때
모기들 날아드는 마당 한구석
낡은 플라스틱 의자에 앉아
밀려오는 어둠에 잠깁니다
어둠이 스며들며 조금씩
온몸으로 퍼져가는 아픔과 회한
아무에게도 말하지 않고
혼자서 지긋이 견딥니다 남은 생애를
헤아리는 것 또한 나에게 주어진
몫이려니 나의 육신이
누리는 마지막 행복이려니
그저 이렇게 미루어 짐작하고
땅거미 내릴 무렵
마당 한구석에 나를 앉혀 둡니다
차츰 환해지는 어둠 속에서
한 점 검은 물체로 내가
멀어져 갈 때까지

제2부 핸드폰 가족

핸드폰 가족

현대시 강습회 1박 2일
첫날 저녁 때 교육원 숙소
휴게 코너 기둥 뒤에서 누군가
전화 거는 젊은 목소리
─오늘은 엄마가 집에 없으니까
　아빠하고 자야지
　이 닦고 발 씻고……
저 여성 강습생은 조그만 핸드폰 속에
온 가족을 넣고 다니는구나
부럽다 어리고 작아서 따뜻한 가정

어느 금요일

맑게 갠 하늘
단풍이 울긋불긋 먼 산을 물들이고
은행잎이 노랗게 보도를 뒤덮는다
오늘은 수업이 없는 금요일
가을의 향기로운 유혹 뿌리치고
서울에서 백 리 길 달려와
안산 캠퍼스 연구실에 들어앉아
밀린 논문 젖혀놓고
시를 쓴다 온종일
쓰다가 찢어버리고
고쳐서 다시 쓰고
결국은 한 편도 막음하지 못한 채
퇴근길에 오르면
고속도로와 국도와 간선도로
승용차와 버스와 화물트럭
모두 뒤엉켜 막히는 저녁길
백 리를 가다 서다 반복하면서
집으로 돌아간다

언제쯤 멈출지 알 수 없는
여생의 하루를 이렇게 보내고
쓰다 만 시 몇 줄 남긴다

비 오는 주말

워낙은 네 식구였다
비 오는 주말에는
서울에 사는 아들과
며느리가 내려오지 않는다
아버지는 몸이 아파 거동이 힘들고
딸과 어머니만 비옷 입은 채
밭일을 한다
땅바닥이 질척거리고
옷이 축축하게 젖어도
흙을 고르는 호미질에 섞여
도란도란 모녀의 말소리 평화롭다
걱정거리 많아도
손님이 없어서 홀가분한 듯

우리 아파트

안산고개 마루턱에서 독립문 쪽으로
새로 짓는 아파트 단지 내려다보인다
꽃샘추위 지나가고
목련꽃 활짝 피는 며칠 사이에
죽순처럼 솟아올랐구나
—야, 우리 아파트다!
—평당 3,500만 원짜리야.
—세금이 얼마나 나올지……
지나가는 등산객 몇 사람이
우리를 힐끗 쳐다본다
아파트 공화국의 수도를 둘러싼
산등성이 길 걷다가 우리는 앞으로
신축 또는 재건축 아파트를 모두
우리 아파트라 부르기로 약속했다
아무에게도 해로울 것 없는
우리 가족의 말장난이다
우리에게 비록 아파트 한 채도 없지만
그때부터 어디를 가든지 우리 아파트
없는 곳 없다

세발자전거

찹쌀을 곱게 빻아 뿌려놓은 듯
눈 덮인 고은산 언덕길을
세발자전거 타고
신나게 미끄러져 내려온다
여느 때 같으면 불가능한 일이지
미처 멈춰서기도 전에
인왕시장 좁은 골목으로 달려 들어간다
머리카락을 노랗게 물들인 여자가
한약재를 썰고 있는 약방을 지나서
요즘 전혀 본 적 없는 미군
흑인 헌병이 서 있는 모퉁이를 지나서
겨우 멈추어 서자 골목길
저쪽으로 마침 아내와 딸이 지나간다
만날 약속도 없이 그저
손짓하며 쫓아가려니 두껍게
잠긴 유리문이 앞을 가로막는다
옆 골목으로 돌아가 보니
둘은 이미 사라진 다음이다

만날 계획도 없이 무작정
양계장에 갇힌 닭처럼 이리저리 헤매는데
바로 맞은쪽에서 그들이 오고 있지 않은가
잠든 얼굴에 지나가는 미소
본 사람 아무도 없겠지
예측할 수 없는 길을 이렇게 셋이서
오락가락한다 때로는 운명처럼
만났다 헤어지기도 하고 말없이
그리워하다 더러는 속으로 미워하고
서로 무관심한 척하면서
앞서거니 뒤서거니 같은 길을
굴러가는 세발자전거

그리마와 더불어 2

어떻게 들어갔는지
하얀 욕조 안에 그리마 한 마리
수많은 발 버둥거리며
아무리 기어 올라오려고 해도
반들반들한 욕조의 중간도 못 미쳐
미끄러져 떨어집니다
쉴 새 없이 기어 올라오다가
미끄러지고 다시
올라오다가
떨어지고
빨갛게 약이 올라
어쩔 줄 모릅니다
아무래도 저 안에서 죽어버릴 것 같아서
꺼내어 놓았더니 금세
문지방 틈새로 사라져버립니다.
무게도 없이
부피도 없이
그리고 소리도 없이

벽을 기어 다니다
때로는 머리맡에 툭 떨어져
선잠을 깨워놓고
쓰레받기를 찾으러 간 사이에
장 밑으로 숨어버립니다
결코 귀여운 미물은 아니지만
더불어 살겠다는 것이지요

강북행

인왕산 너머로 해가 지는 초저녁
꼬불꼬불 골목길 지나
통인동에서 적선동으로 이어지는 길
아직도 기와집 몇 채 비스듬히 서 있는 한길가에
커다란 간판을 단 한정식 집 생겼고
옛날에는 연인들이 구석자리에서 만나던 빵집
지금은 유리벽으로 환하게 안이 들여다보이는
카페로 바뀌었다
케이크와 콜라를 탁상에 놓고
장난치며 떠들어대는 소년 소녀 들
고등학교 시절 내 친구들과 너무나 닮아
나도 돋보기안경을 벗고 슬쩍
그들 사이에 끼어들고 싶었다
누구의 아들딸인가 묻고 싶었다

소리

경광등 번쩍이며 달려가는
구급차 사이렌 소리
골목길에 쌓인 한낮의 고요를
산산조각 깨뜨린다
세상을 비집고 새로 태어나는
아기 울음소리와 달리
어떤 목숨인가 닳아버린
땅의 톱니바퀴에서 향방 없이
튕겨져 나가는 아픔
아무 소리도 들리지 않는 곳으로
까마득하게 떨어져 나가는 두려움이
날카로운 비명으로 울리는 듯

새 이웃

A동 12층 3호가 팔린 모양이다
베란다 창문을 떼어내더니 요란한
리모델링 공사가 시작되었다
천장과 벽과 바닥을 모조리 뜯어내고
거실과 침실과 부엌과 화장실을 개조하는
건축쓰레기가 꾸역꾸역 쏟아져 나온다
어떻게 저 많은 붙박이장과 부엌설비와 조명기구들이
40평짜리 아파트에 들어 있었단 말인가
놀라울 따름이다

두 달 걸려 공사가 끝났다
엄청나게 많은 새 가구와 새 집기가
새로 고친 아파트 안으로 차곡차곡 들어갔다
넓은 바깥세상 바꾸는 대신
새로 이사 온 이웃 사람은
좁은 집 안을 몽땅 뜯어고치고
안으로 들어가 (인터넷

홈쇼핑을 이용하는지) 좀처럼 얼굴을
보이지 않는다

면장갑 한 켤레

북한산 단풍 냄새 풍기는
등산용 륙색 곁주머니에
면장갑 한 켤레 들어 있었다
어느 주유소에서 주었나
회색 면장갑 한 켤레가 우연히
유럽 내륙까지 짐에 묻어와
음습한 날씨에 찬 손을 감싸주었다
오페라 극장 맞은쪽 하숙집 문을 여닫고
도시순환선 전찻간 손잡이를 잡을 때
슈피탈 거리 한국학과 교실을 드나들고
율리우스 마이늘 슈퍼에서 빵과 포도주를 사올 때
털장갑이나 가죽장갑 못지않게
손끝을 따스하게 해주었다
버리면 그대로 쓰레기가 되었을
싸구려 면장갑 한 켤레가
다섯손가락 마디마다
눈 많고 바람 찬 비엔나의 겨울을 간직한 채
프랑크푸르트, 모스크바, 울란바토르, 베이징을

거쳐
　서울로 다시 돌아왔다
　그리고 잡동사니에 섞여 굴러다니다가
　없어져버렸다

잠깐 동안 정전

TV가 갑자기 꺼졌다 느닷없는
정전 때문에 오래간만에
연속극도 끊어지고 온 집안이
모처럼 캄캄하고 조용한 저녁
거북하게 코를 높인 탤런트의 인조 눈물 대신
피자 배달 오토바이가 방정맞게 달려가고
행인들 지껄이는 소리에 섞여
골목길에서 개 짖는 소리
옆집 아줌마가 퍼부어대는 악다구니
깊어가는 가을밤 귀뚜라미 노래
오동나무 잎 떨어지는 소리
참으로 오래간만에 이웃과
동네의 소식 들려왔다
탈북자 일가족이 선양에서 붙들려
북으로 강제 송환되었다는 기사도
오래간만에 촛불 켜놓고
구겨진 신문 한구석에서 읽었다
소리 없는 소식들은 그러나

이십 분도 채 못 되어 끊어지고
냉장고 다시 붕붕거리며
온 세상이 금방 소란스러워졌다

움직이는 성곽

주차빌딩에서도 보인다
북악산과 인왕산
우람한 도심의 고층빌딩 성곽
바겐세일 애드벌룬과 전광판
그림엽서 같은 배경을 등지고
내려다보면 다닥다닥 붙어선 상가 건물들
부끄러운 시멘트 옥상
낡은 냉각탑 주변에 플라스틱 물통과 맥주 박스
엘피지통과 부서진 의자들 나뒹굴고
굴뚝 옆에는 벗겨놓은 마네킹 몇 개
어지럽게 버려진 폐품들
널려 있는 지붕밑은 서울 쇼핑몰
난리가 난 듯 붐비는 인파
화려한 매장과 주차장을 연결하는
엘리베이터가 끊임없이 고객들
실어 나른다
움직이는 것은 그러나
선남선녀들이 아니라 그들이

구입하는 상품들
작을수록 값비싼 명품도 있고
운현궁보다 더 큰 아파트
여의도보다 더 넓은 땅도
그 가운데 있다
주차할 곳 한 군데 찾은 것만 해도
나에게는 다행이지만

알트슈타트*

좁은 길가의 낡은 호텔
비좁은 로비에 널린 짐무더기
덩치 큰 서양인들에게 너무나 작은
사각 탁자를 둘러싸고
노랑 파랑 빨강 간이의자들
낯익은 손님 몇 명은
아침 일찍 떠나갔고
새로 도착한 투숙객들
관광지도를 들여다보며
레닌이 살던 집을 찾고 있다
사백 년 동안 전쟁이 없었던 곳
중세의 포석이 깔린 언덕길을 걷다가
츠빙글리 동상 앞에서 사진 찍고
벨뷔 호반에서 눈 덮인 알프스 원경을 바라보기도 하고
3박 4일쯤 지나면 그들도
떠나갈 것이다
무수한 고인들이 발자국 남기고

아직 태어나지 않은 후손들이 찾아올 곳
온 세상의 낮과 밤
자기 눈으로 보고
중앙역 근처의 골목길까지
제 발로 걷고 싶은 욕망
차곡차곡 쌓이고 다져진 알트슈타트
리마트 강변의 오래된 도시

* 알트슈타트 Altstadt : '오래된 도심'을 뜻하는 독일어. 관광객들이 즐겨 찾는 도시의 구시가지. 서울로 치면 강북의 '사대문 안'에 해당됨.

법인(法人)의 집

그 건물을 본 적이 있습니까
드넓은 영국식 공원 옆에 있는
우아한 유겐트슈틸 별장
한때 부유한 은행가가 살던 그곳에
지금은 동물보호협회가 자리 잡고 있지요
너도밤나무와 보리수가 하늘 높이 자라고
비둘기와 날다람쥐 분주하게 숲 속을 드나들고
풀밭에서 암젤의 노랫소리 영롱하게 울려오는 곳
백여 년을 한곳에 서 있다 보니 마침내
아름다운 풍경의 일부가 된 지붕
추녀 끝과 창문턱마다 장식처럼 촘촘히
날카로운 쇠못이 박혀 있지요
도둑을 막기보다는
비둘기들이 날아와 앉지 못하도록
(그리고 그곳에서 함부로 똥을 깔기지 못하도록)
뾰족한 쇠못을 거꾸로 박아놓은 것입니다
숲에서 날아오른 새들이 포물선을 그리며
창문턱에 사뿐히 내려앉아 날개를 접고

깃을 다듬는 모습
귀여운 줄 모르는 가엾은
법인이 사는 집이지요

클라인하우젠 일기

정방형 마당을 건너가는 데 자그마치
삼 분이 걸린다 이토록 넓은 안마당
한가운데 위풍당당한 플라타너스 한 그루
이 거대한 수목을 둘러싸고 임대아파트
칠층 건물이 ㅁ 모양으로 서 있다
우람한 나뭇가지들 산지사방 뻗어나가고
여기저기 시커먼 옹이와 틈새의 상흔
밑동이 두 아름이나 되고
수령은 백 년이 넘었다고 한다
나뭇잎 흔드는 바람 소리에 귀가 멍멍
하지만 장터와 한길의 소란스러움 삼켜준다
이 늙은 활엽수와 더불어
살아가는 터전 일찍부터 가꾸어놓고
오늘도 클라인하우젠 사람들
아침 여섯 시에 빵 사러 가고
부지런히 일터에 나가 하루를 보낸다
온종일 비어 있는 평화로운 거처
창문에 하나 둘 저녁불이 켜질 때까지

비둘기 다람쥐 검은지빠귀 들과 함께 온종일
바라보고만 있으려니 아깝구나

제3부 비둘기들의 행방

십장생보다 오래

십장생보다 오래 살아남은 것들은
아내를 구타 치사한 남편
정부와 짜고 남편을 독살한 아내
양녀를 상습 성폭행한 의붓아비
전실 자식을 학대하다가 굶겨 죽인 새엄마
멀리서 찾아온 친모를 대문 앞에서 쫓아 보낸 아들
상속이 끝날 때까지만 부모에게 효성스런 딸
밥값을 못 벌어온다고 시아버지를 집에서 몰아낸 며느리
외손주 보러 온 장모를 집 밖으로 끌어낸 사위
아기를 뺏고 생모를 죽인 심부름센터 직원
훈련병에게 인분을 먹인 중대장
뿐이 아니다

비둘기들의 행방

안산 중턱 팔각정 앞마당에
내려앉은 비둘기 떼
등산객 발걸음을 막고
부산하게 먹이를 주워 먹던
멧비둘기들 모두
어디로 갔나
아프가니스탄이던가
이라크이던가
공습이 시작되던 때부터 갑자기
한 마리도 보이지 않네
다음 날도
그 다음 날도
돌아오지 않네
양솔밭에서 멋쩍게 구구구 울어대던
비둘기 소리
다시는 들리지 않네
텅 빈 비둘기 집에 거미줄 치고
물그릇과 모이통 녹슬어 나뒹구네

누가 이 새들을 죽여버렸나
다투기 싫어하는 등산객들
아무도 묻지 않네

새천년

이라크 전쟁 뉴스가 주요 TV에서 온종일
스포츠 방송처럼 실시간 중계된다
홈쇼핑 채널에서는 24시간
상품 광고가 계속된다
미사일 발사, 대규모 공습, 야간 폭격, 탱크 진격,
민간인 사상, 종군기자 죽음, 백악관 브리핑……
여성 내의, 귀금속, 옥돌침대, 운동기구, 식료품……
민주화 교수 구속 수감, 북핵 관련 6자회담, 자살폭탄공격……
러닝머신, 남도고추장, 캐나다 이민상품……
후세인 대통령 체포, 이라크 파병 반대, 미군기지 이전 반대
무기 구입 반대……
홈쇼핑 시청 거부……
21세기는 벌써 시작되었고
20세기는 여전히 계속되고

책의 용도

이십팔 년간 사용해온 연구실 비워주려니
지나간 세기의 고전 양서들
천여 권이 쏟아져 나옵니다
집의 서재도 발 디딜 틈 없이 책이 쌓여
옮겨갈 곳도 없습니다
책 욕심 많고 책 사랑 깊던 젊은 날의 흔적들
한 권 한 권 책갈피마다 남아 있어
선뜻 내 손으로 버릴 수도 없습니다
요즘은 모두들 인터넷 검색에 열중할 뿐
오래된 책을 읽으려 하지 않습니다
물론 가져가지도 않지요
정년퇴임을 맞은 백면서생이 어찌할 바 모르고
돌아서서 창밖의 교정만 바라볼 때
청소원 아줌마와 수위 아저씨가 나타나
순식간에 책더미를 치워줍니다
근으로 달아서 파지로 팔면
용돈이 생기기 때문이지요

잃어버린 비망록

 여권과 지갑을 안주머니에 넣어둔 것은 그래도 천만다행이었다.

 고속전철에 짐을 옮겨 싣는 이삼 분 사이에 가죽서류가방이 없어졌다. 경찰에 신고하느라고, 기차 두 대를 놓쳤다. 도난품 명세서를 작성하기에 시간이 걸렸기 때문이다. 가방을 뒤적거리며 끄집어낼 물건들을 기억 속에서 찾아내려니, 쉬운 일이 아니었다.

 보험회사 손해사정 팀도 휴대품 목록을 요구했다. 품목과 수량은 그럭저럭 기입할 수 있었지만, 물품 가격과 구입 시기를 기억해내기는 힘들었다.

 통째로 잃어버린 가죽서류가방과 싸구려 카메라 및 상비 약품은 비교적 최근에 산 것이라, 대략 비슷한 내용을 적어넣을 수 있었다.

 하지만, 보상받을 수 없는 품목들이 사실은 더 많았다. 예컨대 일기장과 비망록, 사진촬영필름, 행사계약서와 여행경비 증빙서류, 각종 수집 자료와 명함 모음 등이 내게는 더할 나위 없이 중요한 분실물이었다. 특히 자잘한 생활 일정이 담긴 탁상 캘린더, 관찰과 느낌과 단상의 토막들을 적어둔 비망록이 없어진 것은 내 생애의 일부가 잘려나간 것이나 다름없었다.

 돈으로 환산할 수 없는 가치를, 나는 잃어버린 다음에야 깨닫게 된 셈인가.

돌아오지 않는 강

— "아니다, 그렇지 않다"고
허튼소리 하지 말게
모름지기 역사의 도도한 물결을 타고
시대와 함께 흘러갈 줄 알아야지……
그 친구의 말을 듣고 나는 고개를 주억거렸다
공화국이 몇 번이나 바뀌어도
변함없이 중심을 맴도는 인물들
그 친구 말고도 얼마나 많은가
시대와 함께 흘러가는 그 많은 동시대인을
도저히 따라갈 수 없어서
망연히 물가에서 바라보았다
도도한 물결을 타고 그들은 자랑스럽게
손을 흔들며 지나갔다 능숙하게
무자맥질하면서 순식간에
아득히 멀어져갔다 시야에서
사라져버렸다
그리고 영영 돌아오지 않았다

든든한 여행

여행 도중에 불의의 사고로 인하여
두 눈이 멀거나
두 귀가 전혀 듣지 못하게 되었을 때
입으로 먹거나 말하지 못하게 되었을 때
두 손의 손가락을 모두 잃었을 때
두 팔의 손목 이상 또는
두 다리의 발목 이상을 잃었을 때
등뼈를 움직일 수 없거나
가슴이나 뱃속의 장기를 심하게 다쳐서
누군가 평생 곁에서 돌보아주어야
살 수 있게 되었을 때
정신이나 신경 계통에 극심한 장애가 남아
혼자서는 생명을 유지할 수 없게 되었을 때만
백 퍼센트의 후유장해보험금을 탈 수 있습니다
그러므로 보험금은 못 받게 되는 것이 가장 좋습니다
그 대신 거대한 보험회사 건물과
무수한 보험회사 직원들이
우리의 여행을 든든하게 지켜줍니다

화산이 많은 나라

화산이 많은 나라
사람들은 부동산처럼 화산을
소유하고 있다
유황열탕 수증기 뿜어대는 호수 주변에
신경통 위장병 류머티즘 부인병 피부병에 좋다는
노천 욕장 만들어놓고
98°C 온천수에 계란을 삶아서 판다
곳곳에서 유황연기 뿜어대는 고원 지대에
화려한 호텔들 즐비하고
가파른 산비탈과 아찔한 대협곡 가로질러
로프웨이로 관광객들 실어 나르고
만년설이 쌓인 정상에서 레스토랑을
경영하고 있다
언제 다시 폭발할지 모르는 휴화산을
두려워 않고 아슬아슬하게 시간의
돈을 버는 나라
부글부글 지하수가 끓어올라 넘칠락말락
뜨끈뜨끈한 바위를 골라 밟으며

떼 지어 몰려다니는 원숭이 떼
없어도 좋다
보여줄 것 없어도 마음 놓고
가난하게 살 수 있는 곳
그립다 화산이 없는 나라

짧은 예언

TV와 멀어지는 나이가 되어 이제는
매일 보던 9시 뉴스도 지루합니다
이라크 전황 보도를 빼놓고는
십 년 전이나 지금이나 비슷하기 때문이지요
정치인들은 여야 극한 대립
남북관계는 제자리걸음
부정부패는 나날이 액수가 커지고
미국은 구형 전투기 구입 압력
일본은 심심하면 독도 영유권 주장
중국산 어류에서 납덩어리 검출
BMW를 몰다가 음주운전으로 걸린 연예인
세상이 달라진 것 없으니
일기예보밖에 볼 것이 없지요
그러나 모두들 약속이라도 한 듯
이 짧은 예언에 인색합니다
비가 올까 눈이 내릴까
몇 마디 듣기 위해 오늘도
긴 뉴스와 재미없는 광고를 시청하다가
TV를 켜놓은 채 잠들고 맙니다

증손자의 꿈

증조부는 풍채가 뛰어난 한량이었다고 한다. 평생 공부만 했다니, 팔자도 좋은 분이었다.

여러 번 과거를 보았으나, 초시 한 번 못 하고, 결국 학생부군으로 천수를 다했다. 그분의 한문 필적이 담긴 한지는 다락방 천장의 도배지로 색이 바랠 때까지 남아 있었다.

그분의 증손자들 가운데도 조상의 피를 이어받은 사람이 있다.

바로 나의 먼촌 동생인데, 나이 사십을 바라보면서 아직도 공부만 한다. 학문을 좋아해서가 아니다. 미국에 가서 MBA를 해야 돈을 벌 수 있다고, 때늦게 유학준비학원에 다니며 '유에스비즈니스로우'를 배우고 있는 것이다.

할아버지의 한문 실력만큼 손자가 영어를 잘하는지, 들은 바 없다. 손자의 영어 실력만큼 할아버지가 한문을 했는지도 알 수 없다. 다만 출세를 해서 돈을 벌려고 공부하는 점에서는 조손이 닮았다.

한문을 쓰던 증조부의 꿈이 영어를 쓰는 증손자에 이르러 마침내 현실로 이뤄지기를 기원할 뿐이다.

태평양 건너

보스턴에서 샌프란시스코로 날아가는 국내선
기내식이 끝나자
플라스틱 나이프와 스푼, 일회용컵과 냅킨, 먹다 남은 음식들
구분 없이 한꺼번에
비닐자루에 쏟아 넣는다
창밖으로 시베리아처럼 광막한 풍경
비행기로 몇 시간을 날아가도
인적 없는 대지가 끝없이 펼쳐진다
아직도 더럽혀지지 않은 자연
석유가 쏟아져 나오는 땅
그 많은 인디언 원주민 모두 없애버리고
북아메리카 대륙을 선점한 카우보이들
저마다 총 들고 다니며
보안관 노릇 바쁘다
국내 여행 중에도 몇 차례씩 시간이 바뀌고
분리수거나 재활용이란 말이 낯선 곳
지금은 북핵 회담과 자유무역협상과 쇠고기 때문

에 겨루고 있지만
　반세기 전에 우리 땅에서 피 흘리며
　함께 싸웠던 혈맹
　유. 에스. 달러의 고향
　전쟁 구호물자 부대에 찍혔던 표지처럼
　한 손으로 악수를 해서는 결코
　잡을 수 없는 광활한 합중국
　비행기를 타지 않고는 오고 갈 수 없는
　머나먼 대륙
　태평양 건너
　우리의 수많은 친지와 동포들이 이방인처럼
　그곳에 살고 있어 언제나 우리와
　가까운 나라

을유년 새해 아침

동해에서 찬란하게 솟아오르는 햇덩이
우리의 태양이라고 환호하듯
주식회사 「한국」의 주주도 당연히 우리들
한국인이라고 믿어왔지요
샌프란시스코 금문교에 걸린 둥근 달
미국의 재산이라고 우기지 않듯
(주)「한국」의 주식을 어느새 대부분
외국인이 매입했다 해도
주식회사 「외국」으로 상호가 바뀌지 않을까
걱정하지는 않았지요
빚더미 아무리 많이 쌓여도 그것이
곧 나라의 능력이라고 외치면서
우리를 다스려온 나으리들이여
(주)「한국」을 경영해온 어르신들이여
밝아오는 을유년 새해 아침에
두 손 모아 빕니다
개미처럼 부지런히 살아온 우리들
소액주주의 소박한 믿음 올해도

변함없이 이어가기를
빚 걱정 일자리 걱정
슬기롭게 풀려나가고
(주)「한국」의 주식값
하늘 높이 치솟아 오르기를
개혁과 안정을 제각기 내세우며
패싸움 벌이지 말고
모두들「한국」의 성숙한
대주주가 되기를 간절히
간절히 기원합니다

제4부 치매환자 돌보기

귀여운 돌고래

회색 몸통에 하얀 배가 볼록하고
까만 눈 언저리에 우스운 주름살까지 곁들인
귀여운 돌고래 깜보
부드러운 우단으로 만든 아기 돌고래보다
얼룩덜룩 색깔도 천박한
플라스틱 로봇 장난감을
아기들은 더 좋아합니다
호텔 베이커리에서 사온 치즈 케이크보다
골목길에서 파는 떡볶이를
꼬마들은 더 좋아합니다
부유하고 명망 높은 집안의 자녀들보다
만화방이나 전자오락실 개구쟁이들을
아이들은 더 좋아합니다
놀이보다
군것질보다
제 또래 친구들보다
재미없는 것들을 어른들이 좋아하듯 말입니다

이른 봄

초등학생처럼 앳된 얼굴
다리 가느다란 여중생이
유진상가 의복 수선 코너에서
엉덩이에 짝 달라붙게
청바지를 고쳐 입었다
그리고 무릎이 나올 듯 말듯
교복치마를 짧게 줄여달란다
그렇다
몸이다
마음은 혼자 싹트지 못한다
몸을 보여주고 싶은
마음에서
해마다 변함없이 아름다운
봄꽃들 피어난다

어느 날

오래 써온 수첩이었다
가족들의 음력 생일과
전셋집 옮겨다닌 날짜
친지들의 주소와 전화번호
은행계좌와 신용카드 번호 따위가
깨알같이 적혀 있는 수첩이었다
십 년 넘게 지니고 다녀
모서리가 하얗게 해진
이 가죽수첩이 갑자기 자취 없이
사라져버린 것이다 이렇게
평생 간직해온 수첩이나 주소록을
잃어버리는 날이 온다
신경질을 부려도 허망한
기억은 되살아나지 않는다
믿을 수 없는 일이지만 이렇게
잃어버리며 그리고 잊어버리며
한 생애의 후반기가 시작된다

몸의 소리

몸을 전혀 못 느끼고
내 몸이 있는 줄도 모르면서 오래
살아왔습니다 언제부터인가
갑자기 어금니가 욱씬거리고
눈앞이 흐려지고
속골치가 아파지면서
참을 수 없이 기침이 터져 나오고
바른쪽 늑골이 뜨끔거리고
왼쪽 허리가 결리고
팔다리마저 쑤셔대서
정신을 차릴 수 없습니다
괴질에 걸린 것이 아닙니다
참으로 다양한 삶의 증세지요
정신이 멀어져가는 자리에
몸뚱이 혼자 주저앉아 조금씩
안으로부터 무너지는 소리
송도음(松濤音)처럼
나의 귀에 들려옵니다

대원군의 늘그막

대원군*이 이순(耳順)의 나이에 이르렀을 때
하루는 다섯 살짜리 손주가
제 엄마를 따라 이모네 다녀오더니
귀여운 목소리로 물었다고 한다
할아버지는 언제 하늘나라에 가느냐고
무슨 이야기를 들었는지 짐작이 갔다
진짜 대원군(大院君)이라도 된 듯한 기분이었지만
무슨 소리를 들어도 이제는
노엽지 않은 나이라 태연하게
그리고 친절하게 대답해주었다고 한다
하느님이 부르시면 곧
가족과 집과 땅과 자동차
모두 남겨놓고 맨몸으로
훨훨 날아 하늘로 갈 것이라고

* 흥선 대원군(1820~1898)이 아니라, 어떤 친구의 별명임.

우체통

신촌 로터리 혼잡한 오거리
자동차와 보행자 뒤엉킨 난장판
5개 대학 재학생들과 맵시 있는 선남선녀들
이리 밀리고 저리 밀리는 북새통에 끼어
건널목을 지나고
지하도를 건너서
이곳저곳 두리번거리며
편지 한 통 부치려고 우체통 찾아
헤매는 저 노인을 보세요
머리가 허옇게 세고 검버섯이 돋았지요
큰길 모퉁이와 골목길 입구마다 서 있던
빨간 우체통 하나도 눈에 띄지 않는데
보도와 차도 가리지 않고 쫓기듯
밀려가는 행인들 저마다
핸드폰 걸면서 바쁘게 지나가네요
오래 생각하며 천천히 쓴 편지
봉투 한구석에 정성껏 우표를 붙여서
우체통에 갖다 넣고

모레 들어갈까 글피에 들어갈까
답장을 기다리는 마음
이미 오래전에 사라져버렸어요
이어폰 귀에 꽂고
쉴 새 없이 문자질 하면서
갈 길 재촉하는 청소년들 붙잡고
우체통이 어디 있는지
묻기조차 힘든
저 후줄근한 어르신을 보세요
낡은 밤색 점퍼에 헐렁한 코르덴 바지를 입었지요
머지않아 우체통처럼 사라져버릴
저 20세기 인간을 보아두세요

놀지 않고 쉬는 날

해가 바뀌는 신정과 정월 초하루 설날
떡국이나 끓여 먹고
빨리 지나갔으면 좋겠다
연휴 동안 체중만 늘고
물가만 두 차례씩 오르니까

부처님 오신 날
빨리 지나갔으면 좋겠다
확성기 없는 깊은 산
외딴 절 찾아가
혼자서 예불 소리에 귀 기울이게

한가위 보름달만 밝고
빨리 지나갔으면 좋겠다
귀성행렬로 전국 도로 막히고
하루 종일 고스톱 치는 꼴 보기 싫어

크리스마스 캐럴에 들뜬 성탄절

빨리 지나갔으면 좋겠다
눈 오는 겨울밤 조용히 불 밝히고
밀린 책 혼자서 읽을 수 있도록

저만치 비켜 서서 혼자 바라보다가
여럿이 어울려 놀지 못한 날들
젊어지는 세상으로 흘러가버리고 이제는
혼자서 쉬는 날도 며칠 남지 않은 듯

배추꼬랑이

놋그릇 제기마저 공출당하고 걸핏하면
B-29 떴다고 공습경보 요란하던 시절
시래기죽으로 저녁을 때운 날은
아홉 시면 배가 고파져서 한밤중에
뒤뜰 광에서 촛불 밝히고
배추꼬랑이 깎아 먹었다
흙냄새 어두컴컴하게 풍겼지만
고소하고 맛있었지
땅속에 뿌리박고 탐스런 통배추
길러낸 배추꼬랑이
그때는 순무처럼 날로 깎아 먹었다
이렇게 일제 말기를 견디고
육이오 동란을 거쳐
독재정치 사십 년
춥고 배고프고 괴로운 온갖 세월 겪으면서
지금까지 살아남았지
힘들게 자식들 키우고 가르쳐서
청장년 세대로 길러냈는데

한평생 고생한 보람 없이
이제 와서 잘못 살았다 욕먹고
환갑도 되기 전에
등 밀려 일자리 떠난 퇴직자들
된장국에도 넣지 않고 요즘은
김장 쓰레기로 버려지는
배추꼬랑이 신세가 되고 말았나

어둡기 전에

걸어 다녀도 시간이 넉넉했던 시절
그때를 아무리 그리워해도 소용없습니다 이제는
값비싼 승용차도 고속전철도 마찬가집니다
직업에 상관 없이 출퇴근하는 데
한두 시간씩 걸리고 때로는
자동차 고치느라고 오후 내내
정비센터에 죽치고 앉아 기다리기도 합니다
시간의 바퀴는 보증수리도 안 되지요
주말이면 식구들과 세탁물 찾아오고
할인매장에 가서 장 보는 것도 큰일입니다
도심에서는 차 세울 곳 찾기 힘들고
주차비도 여간 비싸지 않습니다 이제는
어디서나 기다리는 시간만 자꾸 길어지고
그나마 남은 시간 점점 줄어듭니다
퀵보드 타고 가볍게 스쳐가는 아이들
시간을 앞질러 달려가는 동안 어버이들은
잠도 안 자며 맹렬한 속도로 뒤쫓아오는
시간의 바퀴 피해보려고 백미러를

힐끔힐끔 쳐다보며 가속페달 밟아보지만
소용없습니다 이제는 주행차선을
양보하고 천천히 갓길로
들어섰다가 인터체인지 진출로 따라
내려가야지요 어둡기 전에

전화번호 지우기

지하철 3호선 독립문 역을 지나갈 때면
전화를 걸 수 없게 된
옛 친구 생각난다
트롬본을 힘차게 불어대던
키다리 학생
은행 융자로 겨우 마련한 나의 신혼 가옥을
비둘기 집처럼 예쁘게 칠해준 미술학도
고난의 역사를 태극 팔괘로
지하철역에 되살려낸 디자이너
그 친구 이름을 전화번호부에서
지워버리고
한주일쯤 되었나 오늘은
고교 시절 럭비선수였던
필운동 친구의 빈소에 갔다
너무 일찍 유명해진 덕분에
평생을 자기 무게에 짓눌려 고생한 친구
초라한 영전에 만수향을 피우고
눈빛 없는 사진을 바라보고

쓸쓸한 기분으로 돌아오니 어느새
하루가 지나갔다
이렇게 옛 친구 하나 둘 떠나가고
얼마 남지 않은 시간
요즘처럼 보내서는 안 될 것 같아
색깔이 바래가는 비망록만
뒤적거린다

오래된 친구들

돈을 얼마씩 거둬가지고
폐암으로 고생하는 친구를 찾아갔다
두 차례나 흉곽절개수술을 받고
항암치료 주사와 약물에 시달려
해골과 뼈대만 남은 초췌한 몰골로
그 친구는 힘없이 우리 손을 잡았다
병구완에 지친 아내에게 그래도
자랑스럽게 우리의 돈 봉투를 건네주면서 그는
우는 얼굴로 웃었다
차 한 잔을 되도록 천천히 마시며 우리는
환자를 위로했고
눈물 어린 시선을 주고받았다
폐암의 증후와 병세에 관하여 그는 이제
전문의처럼 자세하게 알고 있었다
우리도 머지않아 저렇게 되겠지
하지만 매도 먼저 맞는 것이 낫다는
속담을 여기서는 할 수 없었다
앞서 가는 친구를 찾아본 것이

마음의 짐을 덜어주었나
돌아오는 길에 우리는 괜히
허튼소리를 지껄이면서 낄낄거렸다
그러나 헤어지는 뒷모습은 모두가
흰머리 꾸부정한 노인들이었다

문자 메시지

신규보험 가입도 받지 않는 나이
예순다섯 살
정년퇴직할 나이까지 끊임없이
나를 찾아온 그 친구
그는 결코 맨손으로 오지 않는다
맥아더 회고록으로부터
안방극장 연속극 비디오까지
수상한 각종 강장제를 비롯하여
중국산 인삼절편에 이르기까지
참으로 다양한 품목을 들고
나를 찾아온다
할부금이 끝날 때면 어김없이 나타나
다음 물건을 월부로 안긴다
서른 권이 넘는 책을 저술한 친구에게
계속해서 읽을 수 없는 책을 팔아
마침내 책이라면 진절머리나게 만든 그 친구
친구라는 끈질긴 직업을 그는
평생 바꾸지 않았다

많이 걸어 다니는 덕택에
건강은 걱정 없다고 억지로 웃던
그 친구의 부음을 문자 메시지가 전한다
누구의 친구도 되지 못한 슬픔을
나는 간단히 삭제해버린다
그러나 지워지지 않는다

치매환자 돌보기

어려운 세월 악착같이 견뎌내며
여지껏 살아남아 병약해진 몸에
지저분한 세상 찌꺼기 좀 묻었겠지요
하지만 역겨운 냄새 풍긴다고
귀여운 아들딸들이 코를 막고
눈을 돌릴 수 있나요
척박했던 그 시절의 흑백
사진들 불태워버린다고
지난날이 사라지나요
그 고단한 어버이의 몸을 뚫고 태어나
지금은 디지털 지능 시대 빛의 속도를
누리는 자손들이 스스로 올라서 있는
나무가 병들어 말라죽는다고
그 밑동을 잘라버릴 수 있나요
맨손으로 벽을 타고 기어들어와
여태까지 함께 살아온
방바닥을 뚫고 마침내 땅속으로
돌아가려는 못생긴 뿌리의 고집을

치매 걸렸다고 짜증내면서
구박할 수 있나요
뽑아버릴 수 있나요

높아지는 설악산

천불동 계곡을 거쳐
귀면암 양폭을 지나서
대청봉에 올라갔었지 옛날에는
오세암까지 하루에 갔다 오기도 했어
요즘은 기껏해야 비선대에서
송사리 떼 환하게 보이는 차가운 물에
발 담그고 앉았다가
돌아오는 것이 고작이야
울산바위에 올라가본 지도 오래되었군
요즘은 내원암을 거쳐서
계조암 흔들바위까지 가서
칡차나 한 잔 마시고
돌아오는 것이 고작이야
세존봉과 마등령을 타는 등산로는
이제 전설이 되어버렸어
설악산이 점점 높아지고
세상이 자꾸만 좁아지는 거야
동네 골목길도 차츰 짧아지더니

손바닥만 한 마당으로 줄어들고
잠자는 방 한 칸으로 좁아지고
마침내 몸뚱이 하나 겨우 들어갈
흙구덩이만 남고 말겠군
그래도 갑갑한 줄 모르니
땅속이 물속보다 깊은가 봐

백지 앞에서

불혹의 나이를 앞두고 늦된 첫 시집을 냈으니까, 돌이켜보면, 결코 조숙했던 것은 아니다.
그러나 졸시 「내가 내일 죽게 된다면」을 이미 삼십대 후반에 쓴 것 또한 사실이다.

그 후 삼십여 년을 더 살아, 환갑을 넘기고, 정년퇴직도 했다. 이제 진짜 '유서'를 준비해야 할 때가 다가오는 것 같다. 하지만 몇 해째 벼르기만 하면서, 한 줄도 쓰지 못했다.
그저 백지 앞에서 꼬리를 물고 떠오르는 온갖 기억과 상념 속에 잠길 뿐이다.

그렇다면 시 쓰기가 유서 작성보다 쉬웠단 말인가.
유서보다는 차라리 시를 몇 편이라도 더 남겨야 하지 않을지……
어쩌면 아무것도 남기지 않는 것이 깨끗하지 않을까.
한 글자도 기록하지 않은 백지를 과연 깨끗하다고 말할 수 있을까……

지하실이 있는 집

 서른세 해 동안 나는 한집에서 살고 있다. 평생 아파트 한 채 장만하지 못했으니, 주변머리 없는 놈이라고 경멸해도 할 말이 없다.

 겉으로 보면 우리 집은 평범한 연와조 이층 양옥이지만, 살아오면서 두 차례나 개조보수 공사를 한 결과, 보통 주택이나 아파트와는 전혀 다른 독특한 구조를 갖추게 되었다. 처음 온 손님이 현관을 찾지 못하고, 자꾸 안쪽 복도로 나가려고 하는 것이 그 예라 할 수 있다.

 뒤뜰로 출입구가 나 있는 지하실에는 오래된 잡동사니들이 가득하다. 나보다 더 나이를 먹은 벽시계, 돌아가신 아버지가 쓰던 양복장, 유리 뒷면의 수은이 군데군데 떨어져나간 등신대 거울, 옛날 밥상과 다리 부러진 교자상, 목조 제기와 갓집, 금이 간 백 항아리와 떡시루, 요즘은 쓰지 않는 키와 체와 약탕관, 돌절구와 다듬이 돌과 홍두깨, 고장난 석유난로와 조명기구, 정원용 호스와 간이의자, 곰팡이 핀 등산화와 뒤축이 닳아빠진 편상화 따위로 가득 차서, 그야

말로 발 들여놓을 틈도 없다.

한번은 도둑고양이가 지하실 입구의 신발장 속에서 새끼를 두 마리 낳았다. 사람이 접근할 때마다 온몸의 털을 곤두세우고, 하악하악 경계의 비명을 질러댔다. 어미 고양이와 새끼들을 방해하지 않으려고, 지하실 출입을 삼가다보니, 이제는 거의 드나들지 않게 되었다.

고양이 가족들이 사라진 다음에도, 지하실 속에서 무엇인가 살고 있는 낌새를 챌 수 있었다. 일부러 들어가보지 않았고, 우연히 마주친 적도 없지만, 누군가 숨어 살고 있는 것만 같았다. 아버지의 양복장에서 헌 옷을 꺼내 입고, 닳아빠진 구두를 찌그려 신고, 금이 간 백 항아리에 김치를 담그고, 고장난 석유난로에 라면을 끓여 먹으며, 누군가 보이지 않는 사람이 냄새도 소리도 없이 몰래 거주하고 있는 것이 분명했다.

우리 집 공납금에 전혀 부담을 주지 않고, 없는 것이나 마찬가지로 지하실에 살고 있는 이 동거인에 대하여 나는 아무에게도 이야기하지 않았다. 다만 가족들이 눈치 챌까 봐 걱정되었다. 그들은 아무도 지하실에 내려가지 않지만, 혹시 이 사실을 알게 되면, 무섭다고 펄펄 뛰며, 아파트로 이사 가자고 졸라댈지도 모른다. 그렇지 않아도, 지하실이 없는 집에 살고 싶은 것이 그들의 꿈이기 때문이다.

삼십여 년간 같은 집에 살다보니 이제는 우리 집에서 떼어버릴 수 없는 한 부분이 된 지하실, 어두컴컴하고 거미줄이 낀 이 공간에 누군가 자취 없이 살고 있다는 것이 나로서는 별로 이상하지도 않다. 내 몸의 어느 부분에도, 머리의 혈관 속이나 심장의 한구석, 간이나 폐나 위장이나 대장이나 췌장이나 신장 속에도, 그동안 무엇인가 허락 없이 들어와서 살고 있을지 모른다. 그것이 무엇인지 꼭 알아내려고 하지 않고, 모른 체하며 지금까지 더불어 살아왔다. 그것을 새삼 없애려는 것은 공연히 지하실의 동거인을 쫓아내려고 풍파를 일으키는 짓이나 마찬가지 아닌가.

제5부 하얀 눈 푸른 물

생사(生死)

방독면 쓴 방역요원들이 계사(鷄舍)에
사정없이 분무기로 소독약을 뿜어대고
닭과 오리 수천 마리를 비닐백에 잡아 넣어
한꺼번에 살(殺)처분한다
조류독감 때문이다
출입통제선
바깥의 냇가에는
어디서 날아왔나
청둥오리들 한가롭게 무자맥질하며 놀고
백로 몇 마리 한 발로 서서
명상에 잠겨 있고

하얀 눈 푸른 물

바닷가에 함박눈 밤새껏 내려
아침 풍경 온 세상이
하얀 땅 푸른 바다

모래톱에 무릎까지 쌓인 새하얀 눈
코끝이 싸해질 만큼 짙푸른 바다
인적 없는 해변에 혼자 남긴
발자국

하늘과 땅과 물과 바람이 온통
한 사람을 위한 풍경으로
얼어붙은 순간
몰려오다가 멈춘 파도 소리
들려오기도 전에 알아들은 듯

색깔은 바래가지만
살았던 시간 속에 뚜렷이 찍혀
이제는 되풀이될 수 없는

아까운 배경
하얀 눈 푸른 물

까맣고 부드러운 어둠

한밤중에 문득 잠이 깨어
커튼을 젖히고
창밖을 내다봅니다
어둠 속을 바라봅니다
가로등만 드문드문 깨어 있을 뿐
모두 잠들었습니다
불 밝힌 방 안에서 도심의
화려한 야경을 즐길 때도 있지만
캄캄한 창밖을 혼자서 내다보지는 않지요
우리를 둘러싸고 또 한 겹의
어둠이 있음을 모르기 때문입니다
까맣고 부드러운 어둠
아득히 거슬러 올라가면
모든 빛의 고향
일찍이 우리가 태어난 곳
이 어둠 속에서
창 안을 들여다보면
어둠의 품에 안겨 아기처럼

잠든 우리의 모습이 나타납니다
어둠 속에서만 보이는
낯익은 얼굴이 거기
있습니다
어둠 속에서 비로소
자신을 만납니다
밝은 낮에 잃어버린 것을
거기서 찾을 수 있습니다

난초의 꽃

삼 주일이나 방을 비어둔 사이 탁상의
난초 꽃이 피었다
졌다
바싹 마른 꽃대만 남고
꽃들은 바닥에 떨어져 까맣게 말라버렸다
아무도 없는 사이에 내 방에
왔다
간 것이다
아까워라
함초롬한 그 모습
내 눈으로 보았어야 하는데
공들여 피워낸 난초의 꽃
그윽한 향기
홀로 감돌다 사라졌구나
집안을 돌보지 않고 가출했다가
돌아온 가장처럼 민망해서
죽은 꽃들을 바라볼 수 없었다
그래도 목마름 견디며 난초 잎들

파랗게 살아 있었다
화분에 물을 주면서
부끄러워
난초를 바라볼 수 없었다

물의 모습 3

물이 흐릅니다 불편하게
흘러서 움직입니다
걷거나 뛰거나 달려오지 못하지요
멈춰 서거나 주저앉거나 쓰러지지 못하지요
때로는 용암처럼 뿜어 나오고
안개처럼 피어오르고
펄펄 내리는 눈이 되고
주룩주룩 쏟아지는 비가 되고
폭포가 되어 까마득하게 떨어져 내리고
낮은 곳마다 고여서 연못 만들고
아름다운 땅 위의 풍경
잔잔히 비추다가 아래로
넘쳐 흐르고
바위처럼 단단하게 얼었다가
봄볕에 녹으면서
다시 흐릅니다
물은 세월처럼 흐릅니다
한겨울 나뭇가지 끝에 올라가 앉아

온 세상 하얗게 물들이기도 하지만
수풀과 산과 도시를 태우는 시뻘건 불길
물은 조금도 두려워하지 않지요
어떤 질주가 물보다 빠릅니까
성난 파도 산더미처럼 몰려와
단숨에 바닷가 휴양지 휩쓸어버리고
소리 없이 물러가기도 합니다
한가롭게 출렁거리다가 느닷없이
되달려들기도 하지요
바퀴도 없이 날개도 없이 오늘도
물이 흐릅니다 여전히 불편하게
흘러서 움직입니다

남김없이

눈을 감은 채
음악을 보던
그 위대한 지휘자는 평생을
호텔에서 살았다고 한다
취미는 제트기 조종
결혼도 하지 않고
애인만 자주 바꾸었다고 한다
후회 없이 자기의 생애를 살고
재산이나 자손 대신
장엄한 미사곡과 방대한 교향곡들을
레코드와 카세트와 CD에 담아서
남김없이 후세에
전했다고 한다

크레파스 풍경화

남한산 능선을 가로질러 고압전류
윙윙 바람 가르며 흘러가는
송전탑 들어섰을 때
백두대간 정기를 끊어버린다고
할아버지는 진노하셨지요
오래된 수묵화 한지를 군데군데 뚫고
송전탑 우뚝우뚝 솟아오르며
고층아파트들이 산과 들과 물가를 점령했을 때
아버지는 사라져가는 고향 정경
유화 속에 담아 간직했습니다
아들은 비즈니스맨
동남아와 남미 출장을 다녀와서
그곳에는 송전탑이 별로 눈에 띄지 않았다고
철강재 수출을 걱정했지요
증손자들이 그린 크레파스 풍경화 속에는
그러나 산천초목처럼 자연스럽게
송전탑과 아파트가 줄지어 서 있습니다

남긴 이야기

빚이나 세금 및 범칙금은 말할 나위도 없고
지식이나 관습이나 예의도 모조리 잊어버리고
마른 북어의 지느러미처럼
바스러져야지
수많은 외국어 단어나 까다로운 법조문
그럴듯한 잠언이나 경구
치솟은 국제 유가와 인상된 택시요금 따위를
기억해서 무엇 하랴
등기권리증이나 유서는 물론
냄새조차 남기지 말고
살았던 흔적 모두 지우고
소리 없이 죽어 있는 노린재처럼
아무도 모르는 주검으로
버려져야지
남김없이 까맣게
잊혀져버린 다음에 결국
아무것도 남기지 않았다는
이야기가
남을 테지만

멀미

서울에서 프랑크푸르트로 날아가는
국제선 이코노미 클래스 칸에서
국적 없이 날아다니는
파리 한 마리
비행기를 타고 유라시아를 넘나드는
파리 한 마리가
기내식 냄새를 맡고
비즈니스 클래스 칸으로 날아간다
널찍한 이등칸과 비좁은 삼등칸을 거리낌없이
오고 가는 파리 한 마리
좌석벨트를 조여 매고 앉아서 나는
광활한 구름 벌판을 내려다본다
고도 10,000미터 상공을 함께
날아가고 있는 파리와 나의
돌연한 공존이 떠오른다
참을 수 없는 메스꺼움이
시작되는 순간이다

오래된 공원

오래간만에 모처럼 하늘이 갠 오후
밑동보다 높이가 스무 배쯤 됨 직한
느티나무 줄지어 늘어선 공원에서
남녀노소가 겨울 아침 짐승들처럼 햇볕을 쬔다
노인들은 여기저기 모여 앉아 이야기를 나누고
꼬마들은 그네와 시소에 매달리고
힙합바지 청소년들은 스케이트보드를 타고
뚱보 아줌마가 자기보다 더 큰 개를 끌고 간다
수풀 사이 길로 중년 부부가 자전거를 타고 지나가는
순간 이 공원 풍경이 잠시
커다란 안경을 통해서 보이듯
두 개의 자전거 바퀴 속으로 들어간다
몇 백 년 묵은 성당의 첨탑이나 화려한
번화가의 북적임 없이 햇빛에 반짝이며
굴러가는 앞바퀴와 뒷바퀴 속에서
빛바랜 흑백사진에 담긴
세월의 앞뜰과 뒤뜰이 보인다

그네 타던 꼬마가 중년이 되어
큰 개를 끌고 지나가는
몇 십 년 후의 갠 날도 언뜻 보인다

슈테른베르크의 별

밤마다 북녘 하늘에서 반짝이는 별
처음에는 이름 모를 붙박이별인 줄 알았다
높은 산꼭대기에서 반짝이는 불빛
나중에는 그것이 중세의 고성인 줄 알았다
그러나 슈테른베르크 산봉우리에 올라가보니
그것은 산정에 구축한 레이더 기지였다
밤마다 하늘에서 반짝이던 별
갑자기 땅으로 떨어지고
산정에서 빛나던 고성의 불빛
꺼져버리고 말았다
차라리 가보지 않았더라면 아직도
마음속에서 반짝이며 빛나고 있을 것을

강산

어렸을 적에 뚝섬 근처에서
헤엄치고 보트 타고 얼음 지치던 한강
다리를 건너 요즘은 출퇴근한다
낙동강은 고속버스나 KTX 편으로 건너다녔지
강물에 손 한 번 담가본 적 없다
그래도 한강보다 낙동강이 길다는 것
알고 있지
젊은 날에는 설악산 대청봉에도
몇 차례 올라갔었고 울산바위
꼭대기에서 속초 앞바다도 바라보았다
지리산은 승용차에 실려 지나갔을 뿐
천왕봉에도 아직 못 올라갔다
그래도 설악산보다 지리산이 높다는 것
알고 있지
강도
산도
인터넷에 뜨니까

효자손

우체국 앞 가로수 곁에
아낙네가 죽제품 좌판을
벌여놓았다 대나무로 만든
광주리와 키와 죽침 따위에 섞여
효자손도 눈에 띄었다 건널목
신호등이 황급하게 깜빡이지 않았더라면
그 조그만 대나무 등긁이를 하나
사왔을지도 모른다
노인성 소양증만 남고
물기 말라버려 가려운 등을
시계 방향으로 돌아가며 장난 삼아
간질간질 긁어주던
고사리 같은 손
이 작은 효자손이 어느새 자라서 군대에 갔다
옆에는 나직한 숨결마저 빈자리
어둔 창밖으로 누군가 지나가며
빨리 떠나라고
핸드폰 거는 소리

뒤에서 슬며시 등을 떠미는 듯
보이지 않는 손
벽오동 잎보다 훨씬
커다란 손
되돌릴 수 없는 시간의
부드러운 손

겨울 아침

얼어붙은 새벽 네 시 아직 캄캄한데
하늘로 열린 천장 창문 밝히면서
빵 굽는 김이 무럭무럭 피어오르고
밀가루 반죽을 나르는 분주한 모습

전조등 부릅뜨고 눈길을 달려가는 화물차들
임대아파트 창문에 하나 둘 불이 켜지면서
조금씩 어둠이 녹아내립니다

가로등 불빛도 차가운 전철역 입구에서
계단을 쓸고 있는 청소부
두툼한 목도리로 얼굴 감싸고
출근길 서두르는 근로자들

새벽부터 부지런히 일하는 사람들이
어둠을 밀어내는 덕택에 힘겹게
겨울 아침이 밝아옵니다

| 해설 |

'가을 거울'의 진실, 혹은 세월의 미학

우 찬 제

1. '말하여질 수 없는 소리'에서 '중얼거림'까지

 시는 어떻게 탄생하는가. 일찍이 김광규는 첫 시집 『우리를 적시는 마지막 꿈』(1979)의 첫 시 「시론(詩論)」에서 "언어는 불충족한/소리의 옷"이라며 사물이나 현실 그 자체에 육박해 들어갈 수 없는 언어의 한계에 대해 안타까워한 적이 있다. "한 마리 참새의 지저귐도 적을 수 없는/언제나 벗어던져 구겨진" 언어에 대한 안타까움 말이다. 그러나 언어의 불충족성에 대해 단지 안타까워한다고 해서 시인이 되는 것은 아니다. 하여 시인은 비록 "받침을 주렁주렁 단 모국어들이/쓰기도 전에 닳아빠져도/언어와 더불어 사는 사람은/두려워하지 않고 슬퍼하지 않고/아무런 축복도 기다리지 않고//다만 말하여질 수 없는 소리를 따라/바람의 자취를 좇아/헛된 절망을 되풀이한다"고 적는다. 시인의, 시인에 의한, 역설적인 결의이고, 도저한 다짐이다. 마치 송도음(松濤音)과도 같은 바람의 동성(動性)과 향상(向性)을 예민하게 감각하면서 "말하여질 수 없는 소리"를 재현하고자 한다. 두번째 시 「영산(靈山)」에서도 뚜렷하듯이 보이지 않는 대상에 형상을 부여하고자 한다. 세속의 눈으로는 '헛된 절망'처럼 보일지도 모를 그런 시적 추구야말로 시인 김광규가 시종일관 탐문해온 시정신의 핵심에 속한다. 첫 시집의 「自序」에서 했던 말이 우리의 관심을 새삼 환기하는 것도 비슷한 맥락에서이다. "아무도 되어보지 못한 그런 사람이 되어 아무도 써본 적이 없는 그런 글을 써보려는 것이 나의 오랜 소망이었다. 무엇인가 되어버린다는 것이 두려워 언제나 되어가는 도중에 있고 싶었다." 처녀림과도 같은 상상력과 스타일에 대한 끝없는 탐문을 추구하다보면 당연히 도정(道程)의 문학이 될 수밖에 없다. 이는 단지 낭만적 태도의 일환으로 볼 수 있는 것이 아니라, 진정한 문학 그 자체의 본성과 어울리는 생각으로 여겨진다.

"말하여질 수 없는 소리"에 형상을 부여하고자 하는 욕망은, 시인이 일찍이 간파했듯이, "헛된 절망"으로 점철될 수 있다. 결코 성공이라는 실재에 도달할 수 없는 위험한 욕망이다. 그러나 실재에 도달할 수 없는 욕망이기에 대단히 탄력적이고 또 끊임없이 형성적인 도정의 상상력과 스타일을 길어 올리는 데 유효한 기제가 된다. 1975년에 『문학과지성』을 통해 등단한 김광규는 30년이 넘는 시력을 통해 비교적 일관되게 자기 나름의 시세계를 추구해온 드문 시인이다. 그 세월 동안 오로지 그는 "언어와 더불어 사는 사람"이었고, 언어를 통해 세상과 맞서고 세월을 견뎌온 시인이었다. 그러면서 그는 서서히 언어를 자기 안으로 끌어들인다. 시적 자아와 대상과 언어가 카오스처럼 소용돌이치는 가운데 나름의 의미 있는 메시지나 다의적 시적 담론이 창출될 수 있기를 소망했던 것으로 보인다. 그렇다고 해서 그가 난삽한 언어적 실험을 하거나 그 절망의 포즈에 젖어든 것은 아니다. 난해한 시의 늪으로 탈주하지도 않았다. 계관예술가로서의 시인을 자임한 적은 더욱 없다. 그는 누구보다도 겸손한 언어 예술가다. 제5시집 『아니리』(1990)의 표제가 시사하듯, 판소리에서 창이 아닌 아니리의 존재를 주목하고, 아니리로서의 시가 스스로의 품위를 지닌 채 예술로서의 필연적 존재 이유를 확보할 수 있게끔 새로운 상상력과 스타일을 모색한다. '시는 말하여질 수 없는 소리다'에서, '시는 아니리다'를 거쳐, 다시 '시는 중얼거림이다'라는 명제를 김광규는 제출한다. 가령 제7시집 『가진 것 하나도 없지만』(1998)에서 시인은 줄곧 '중얼중얼'거리고 있지 않은가. "저마다 목청 높여 부르짖는데/중얼중얼/혼자서 지껄이는 말/누가 들으려 하겠는가/어디를 가나 그래도 바람결에 실려/끊임없이 중얼거리는 소리/들리지 않는 곳 없고/한평생 중얼거리는 사람 또한/없지 않으니/알 수 없는 일이다/중얼중얼 중얼……"(「중얼중얼」). 목청 높여 명령하고, 금지하고, 억압하고, 회유하는 폭력적 현실에서, 또는 디지털 복합매체의 가공할 만한 약진으로 가상현실이 현실을 넘나들면서 시적 상상력을 위축시키는 문화적 상황에서, 시인이 할 수 있는 일이라고는 제2시집 『아니다 그렇지 않다』(1983)의 제목처럼 오로지 부정과 비판의 정신으로 끊임없이 중얼거려야 한다는 것, 그 반어적 인식으로 이어진다.

그런데 그와 같은 김광규식 아니리나 중얼거림이 지니는 실제 예술적 효과는 남달랐다. 아니리가 결코 화려한 창의 보조적 장식물이 아니었고, 중얼거림이 목청 높은 명령에 파묻히지도 않았다. 오히려 결과는 그 반대였던 것으로 보인다. 아니리와도 같은 김광규의 산문적 중얼거림은 나름의 리듬을 타고 일상의 깊은 늪에서 반성의 계기를 갈망하던 많은 이들에게 신선한 충격을 주었다. 시인이 단지 혼자 중얼거리는 소리를 누가 들으려 하겠는가 하며 겸사를 썼지만, 누구라도 그와 같이 리듬 있는 중얼거림을 듣고 싶어 했던 것이다. 그도 그럴 것이 김광규의 시는 늘 "차분한 마음, 맑은 눈, 끈기 있는 손"(김주연)으로 삶과 꿈, 일상과 이상, 세계와 자아, 세속과 신비, 인공과 자연, 현실과 언어, 사회와 문학 사이에서 보편적 진리에 값하는 시적 질문을 계발해왔기 때문이다. 나름의 일상시의 문법과 스타일을 일구어낸 시인답게 그의 시는 "많은 사람들에게 비속하고 모순된 삶을 부정하고 다시 긍정으로 전환시킬 수 있게 하는 힘"(오생근)을 제공한다. 그의 시는 대개 "시대에 대한 관찰, 삶에 대한 반성, 정치와 역사에 대한 고찰"(김우창) 등으로 긴장해 있으며, "어떤 시적 대상에 대한 관찰로부터 일정한 반성을 이끌어내는 구조"(성민엽)로 이루어져 있다. 억압적인 제도나, 인간적 진실을 거스르는 갖은 허위적 작태들, 억압적 제도에 무비판적으로 순응하거나 편입되는 소시민적 행위들, 이런 것들에 대해 날카로운 인식과 아울러 반생태적 환경에 대한 비판에 이르기까지 김광규가 그동안 보인 시적 인식의 진자운동은 그 범역이 비교적 넓은 편이다. 그렇다는 것은 시인이 한 지점에 비좁게 갇혀 있지 않았다는 점을 의미하기도 하고, 세계와 일상적 현실에 부단히 열린 감수성을 보였다는 점을 환기하기도 한다. 열린 감각으로 일상적 실존의 내력을 자유로운 리듬에 실어 '중얼중얼'거렸다는 점, 하여 일상시라는 한국시사의 큰 광맥 하나를 형성해온 점, 그 외에도 시인 김광규의 시력 30년의 공헌은 얼마든지 더 열거될 수 있을 터이다.

2. 자연의 세월과 세월의 자연

언어가 시의 핵심 매체임에 틀림없지만, 언어 또한 연금술사인 시인에 매달려 있기 마련이다. 시인의 관찰과 인지, 탐문과 인식, 비판과 성찰의 과정에서, 언어는 태생적 '불충족성'을 넘어서고자 한다. 이와 같은 시인과 언어의 상호작용을 통해 의미 있는 중얼거림의 지평이 형성된다. 이를테면 봄날 창밖에 산수유 꽃이 핀다. 꽃이 피는 형상은 우선 시각의 대상이지만, 이미 관음(觀音)의 경지에 이른 시인은 보는 것을 넘어 듣는다. 시각과 청각의 통감각으로 새로운 언어를 조형한다. 그 결과 "창밖에서 산수유 꽃 피는 소리"(「춘추(春秋)」)라는 한 줄이 얻어진다. "말하여질 수 없는 소리"의 허망함을 넘어서 중얼거림의 지평을 여는 순간이다. 그러나 아직 그 한 줄이 온전히 얻어진 게 아니다. 시인이 "들린다고 할까 말까 망설이"고 있기 때문이다. 이 반성적 망설임에 타자의 시선이 대화적으로 개입한다. "허튼소리 말라"고 눈치 주는 아내의 시선이 바로 그것이다. 거기에 현실의 고난과 세월의 무게가 보태어진다. 이 모든 것들이 어우러지면서 "뒤뜰에서 후박나무 잎 지는 소리"라는 또 한 줄을 보태게 되고, 그로써 시 한 편이 탄생한다.

창밖에서 산수유 꽃 피는 소리

한 줄 쓴 다음
들린다고 할까 말까 망설이며
병술년 봄을 보냈다
힐끗 들여다본 아내는
허튼소리 말라는
눈치였다
물난리에 온 나라 시달리고
한 달 가까이 열대야 지새며 기나긴
여름 보내고 어느새
가을이 깊어갈 무렵
겨우 한 줄 더 보탰다

뒤뜰에서 후박나무 잎 지는 소리
—「춘추(春秋)」전문

 예의 소리를 알아듣는데, 시인은 세 계절이나 걸렸다고 했다. 「산길」의 화자 또한 "너무 늦게서야/그 소리 알아듣지요"라고 고백한다. 새삼 세월의 힘을 느끼게 하는 대목이다. 아니, "산수유 꽃 피는 소리"나 "후박나무 잎 지는 소리" 혹은 산길에서의 새소리며 물소리를 듣는 것은 차라리 '세월'이다. 그냥 일시적으로 창밖에 귀 기울인다고, 뒤뜰을 거닌다고, 산길을 산보한다고 들을 수 있는 소리가 아니다. 소리가 그리도 단순한 것이었다면 이 시인이 애당초 "말하여질 수 없는 소리"에 대한 절망을 보이지 않아도 좋았을 것이다. 단순한 듯 선명한 짧은 시임에도 불구하고, 시인의 시적 인식과 시의 형성 과정을 잘 보여주는 시라는 점에서, 그리고 이전과 다른 시적 인식의 깊이의 출처를 짐작케 한다는 점에서, 각별한 주목을 요하는 시로 보인다. 그런데 세월에 대해 다시 묻자. 세 계절의 세월이 흘렀다고 해서 "산수유 꽃 피는 소리"와 "후박나무 잎 지는 소리"를 겹쳐 통감각으로 인식할 수 있는가. 그 소리들 사이에 2연의 사연이 없었다면, 아마도 가능하지 않았을 것이다. 고난의 현실을 직접 겪고 견디며 타자와 긴밀하게 대화성의 지평을 형성하지 않았다면 필경 이 관음의 경지에 이르지 못했을 것이다. 초기 시에서 소리는 "빛과 물로 싱그럽게 열리는"(「詩論」) 어떤 것이었다. 그때는 시적 대상의 자연적 속성이나 운동 쪽에 무게중심이 놓여 있었다. 이제 소리는 시적 대상에게서만 오지 않는다. 그것과 시적 자아 및 현실 맥락이 긴밀하게 어울리면서 좀더 중층적이고 복합적인 소리가 탄생한다. 시적 대상이 일차적으로 요청한 시각적 감각을 화자가 청각으로 호응한 것도 그런 까닭이다. 이 지점에서 세월과 마주한 시적 자아 혹은 시인의 자리가 새삼 돌올하게 부각된다. 이순(耳順)을 훌쩍 넘긴 시인이 독자들에게 새롭게 선사한 세월의 미학은 그렇게 형성된다.

  아홉번째 시집이 되는 『시간의 부드러운 손』에 실린 시들은 대개 시인이 정년 퇴임을 전후해 얻은 소리들 혹은 시도한 중얼거림들의 살아 있는 목록들이다. 나는 예전과는 달리 직접 경험하지 않고는 제대로 헤아릴 수 없는 것들이 몇 가지 있다고 믿는 편이다. '타인이 된 나'를 구체적으로 경험하게 되는 계기는 다름 아닌 아이의 출생이라고 적은 레비나스의 글을 읽을 때만 하더라도, 나는 직접 경험에 의지하지 않더라도 세상의 진실을 대부분 인식할 수 있을 것으로 믿었다. 그렇다고 내가 속절없는 관념론자였던 것은 결코 아니다. 그러다가 후일 내 아이의 출생을 직접 경험한 다음, 나는 레비나스를 읽던 시절의 교만함을 겸허하게 반성하지 않으면 안 되었다. 그때 알았다고 생각했던 것은 절반의 진실에도 미치지 못했음을 절실하게 느꼈기 때문이다. 그와는 좀 다르겠지만 나는 정년 퇴임 역시 실제로 경험해봐야 제대로 알 수 있는 영역일 것으로 짐작한다. 그런데 시인 김광규는 무척 의연하게 세월의 무게를 받아들이고 있는 게 아닐까 여겨진다. 시집 제목을 '시간의 부드러운 손'으로 정한 이유도 아마 그런 사정과 연관될 것이다. '시간의 부드러운 손'과 허심탄회하게 진실한 악수를 건네면서 시인의 인식안 역시 훨씬 심원해졌음을 감지케 한다. 단적인 예로 나는 「가을 거울」을 들고 싶다. 가을비가 추적추적 내리고 난 뒤 땅에 떨어져 나뒹구는 후박나무 잎사귀에 고인 빗물을, 그 "한 숟가락 빗물"을 보면서 화자는 주체와 대상의 "온 생애"를 읽어 내고 나아가 우주적 비의를 가늠해본다.

> 조그만 물거울에 비치는 세상
> 낙엽의 어머니 후박나무 옆에
> 내 얼굴과 우리 집 담벼락
> 구름과 해와 하늘이 비칩니다
> 지천으로 굴러다니는 갈잎들 적시며
> 땅으로 돌아가는 어쩌면 마지막
> 빗물이 잠시 머물러
> 조그만 가을 거울에
> 온 생애를 담고 있습니다 ——「가을 거울」부분

두루 알다시피 이상 앞에는 유리 거울이 놓여 있었고, 윤동주에게는 구리 거울이나 물(우물)거울이 자아를 비추는 도구였다. 김광규도 물거울이긴 하되 윤동주보다 훨씬 "조그만" 거울이다. 윤동주의 우물에 비해 김광규의 나무 잎사귀에 고인 "한 숟가락 빗물" 거울은 그 얼마나 비좁고 가난한가. 그러나 조그만 거울에 비친 세상과 인간의 진실은 몹시도 곡진하다. 거기엔 구름과 해와 하늘이 있을 뿐만 아니라, 잎의 생애와 빗물의 생애가 교호적으로 얽혀 있다. 무엇보다도 그 생애의 마지막 순간을 응시하는 시인의 심원한 눈빛이 담겨 있다. 이를 '가을 거울'이라는 더 이를 데 없는 리듬으로 형상화한 것 또한 시인의 범상치 않은 수고에 기인한 것이다. 바쁘게 살아가는 일상에서 좀처럼 비춰볼 수 없는 거울이 바로 '가을 거울'이다. 그러나 봄 거울이나 여름 거울에 비해 가을 거울은 그 자체로 세월의 깊이를 고즈넉하게 느끼게 한다. 이러한 가을 거울에 세상과 현실과 인간을 비춰볼 때 다른 거울에는 떠오르지 않았던 많은 진실들이 새롭게 부감된다. "마침내 흙으로 돌아갈 때까지/찬바람에 흔들리며/나뭇가지 끝에 매달린 채/힘 빠진 두 손을 놓지 않"(「마지막 잎새들」)는 마지막 잎새에 적절한 영혼의 소리를 부여하는 것도 가을 거울이고, '이대목의 탄생' 비의를 알게 하는 것 역시 가을 거울의 몫이다.

벽오동 비슷해 그냥 벽오동이라 부르며 화자가 삼십 년 넘게 길러온 나무가 있다. 오랜 세월을 함께 살아왔는데 올해는 하지가 지나도록 새잎이 돋지 않는다. "식물도 늙으면, 죽는구나"라는 연민의 정조와 그래도 혹시 되살아나지 않을까 하는 미련 때문에 틈나는 대로 보살폈는데 좀처럼 소생의 기미가 보이지 않는다. 그런데 "대서를 앞둔 초복날 아침에, 벽오동 밑동의 줄기에서 연초록 이파리가 작은 주먹을 펼치듯 돋아나고 있지 않은가." "때늦게 벽오동의 유복자가 태어난 것이다." 이 생명의 황홀경 앞에 선 시인은 여전히 차분하다. 황홀한 경이에 적합한 언어를 가을 거울에 되비추어 찾아야 하기 때문이다. "끈질긴 생명의 경이와 환희를 보여준 이 화초의 본명을 찾아주기는 쉽지 않아, 우선 새 이름을 붙여주었다. 대를 이어 되살아난 나무, 이대목(二代木)이라고"(이상 「이대목의 탄생」). 나는 이 시를 읽은 동안 줄곧 몇 년 전 경험을 떠올렸다. 캐나다 밴쿠버 섬을 여행할 때였다. 해안가의 공원을 산책하던 중 특별한 소나무 한 그루가 한눈에 들어왔다. 나무 위의 나무라고나 할까. 오래전에 잘린 커다란 소나무 밑동 위로 자라난 소나무였다. 얼마나 오랜 세월이었을까. 한 나무가 자라 땅과 하늘을 연결하다가 인간의 톱질로 베어졌을 것이다. 그리고 세월이 한참 지나 그 밑동이 적당히 썩어갈 무렵 솔씨 하나가 그 밑동 위로 떨어져 생명의 기운을 지피기 시작했을 터이다. 이미 백여 년은 족히 되었음 직한 나무였다. 죽은 나무 위에서 자라난 새 나무의 푸른 기상은 확실히 생명의 멋진 찬가였다. 죽어서도 새 생명을 키우는 나무. 그러니까 죽어도 죽지 않은 나무. 인근의 사람들한테 물어보니 그걸 '간호사 나무 nurse-tree'라고 부른다고 했다. 그럴듯한 이름이라는 생각이 들었다. 시인 김광규는 그 간호사 나무에서 새롭게 태어난 '이대목'의 진실을, 담백한 산문시로 우리 앞에 고즈넉하게 전달한다. 오로지 30년 넘게 외길로 자기 시를 쓰며 깊게 보려 했던 이에게만 허락되는 진실을 말이다.

  이와 같이 자연과 인간의 상호작용과 관련된 시편들이

주로 이 시집의 1부에 식목되어 있다. 시인이 의미심장한 가을 거울로 비춰본 온갖 나무와 잎들이 새로운 생명을 얻어 생기를 발한다. 척박한 환경 속에서도 "어느 날 갑자기" 한꺼번에 돋아난 "쌀알처럼 작은 꽃과 연녹색 잎"을 보면서 시인은 청 단풍 한 그루에 생명의 공감을 표한다. "강인하구나/좁은 땅에 한갓 나무로 태어났어도/광야의 꿈 키우며/제 몫의 삶 지켜가는/청단풍 한 그루"(「청단풍 한 그루」). 이런 식으로 게 다리 선인장, 담쟁이덩굴, 팽나무 등에 적절한 영혼의 숨결을 불어넣는 시인은, 그 자연과의 대화 속에서 결국 삶의 존재 원리를 새롭게 터득한다. 세월의 자연을 "참고 견"(「마지막 잎새들」)디며 "겸손하게 여행"(「해협을 건너서」)한 시인은 이를테면 이렇게 자연의 세월을 노래한다. 가을 거울을 응시하는 세월의 미학이 보여주는 결코 가볍지 않은 성찰의 세목이다.

> 어둠이 스며들며 조금씩
> 온몸으로 퍼져가는 아픔과 회한
> 아무에게도 말하지 않고
> 혼자서 지긋이 견딥니다 남은 생애를
> 헤아리는 것 또한 나에게 주어진
> 몫이려니 나의 육신이
> 누리는 마지막 행복이려니
> 그저 이렇게 미루어 짐작하고

땅거미 내릴 무렵
마당 한구석에 나를 앉혀 둡니다
—「땅거미 내릴 무렵」 부분

3. 빠른 세월, 느린 시

자연에 대한 새로운 성찰은 김광규의 시가 이전보다 훨씬 깊어졌음을 실감케 한다. 그것은 범상한 생태시와 김광규의 시를 변별하게 하는 대목이기도 하다. 가을 거울에 비친 자연과 인간에 대한 성찰의 미덕은 그가 즐겨 다루어온 주제들, 이를테면 일상적 삶에 대한 성찰이나 인생과 존재에 대한 통찰, 허위적 현실 비판과 같은 주제들을 다루는 시편들에서도 비슷하게 관철된다. 특히 이번 시집에서 두드러지는 핵심적 특성, 즉 세월의 미학과 관련하여 가을 거울은 매우 효율적인 상상 기제로 작동한다. 시인의 가을 거울은 종종 20세기와 21세기 사이에서, 노년과 청년 사이에서, 느린 시와 빠른 현실 사이에서 대조의 경상(鏡像)을 형성한다. 예컨대 「생사(生死)」라는 시에서 가을 거울은 '출입통제선'이다.

방독면 쓴 방역요원들이 계사(鷄舍)에
사정없이 분무기로 소독약을 뿜어대고

닭과 오리 수천 마리를 비닐백에 잡아넣어

한꺼번에 살(殺)처분한다

조류독감 때문이다

출입통제선

바깥의 냇가에는

어디서 날아왔나

청둥오리들 한가롭게 무자맥질하며 놀고

백로 몇 마리 한 발로 서서

명상에 잠겨 있고

—「생사(生死)」전문(강조는 인용자)

'출입통제선'이라는 거울을 사이에 두고 정확히 다섯 행씩 죽음과 삶의 풍경이 마주 보고 있다. 이와 같은 대조의 가을 거울은 보이는 현상에서 보이지 않는 심연의 진실을 발견하고 환기하는 데 비의적이고 탄력적인 기능을 한다. 현실 비판의 상상력을 보여준 3부의 시편들에서 특히 그러한데, "안산 중턱 팔각정 앞마당에" 있던 비둘기들이 어느 날 갑자기 한 마리도 보이지 않는 사건과 "아프가니스탄이던가/이라크이던가/공습이 시작되던 때부터 갑자기/한 마리도 보이지 않네"(「비둘기들의 행방」)라는 비판적 성찰을 마주 세워놓음으로써, 평화가 아닌 전쟁을 야기하는 현실을 효율적으로 비판하는 식이다. 이런 방식으로 미국에 대한 비판적 인식이 전경화되고(「태평양 건너」), 한문을 익혀야 했던 증조부와 영어 공부에 혈안이 되어 있는 증손자 사이의 대조의 겹침을 통해 한국과 한국어의 현실에 대한 비판적 성찰을 유도하기도 한다(「증손자의 꿈」). 또는 헛된 욕망에 사로잡힌 인간 군상들을 점묘하기도 하고(「화산이 많은 나라」), "(주)한국"을 지탱해온 "개미처럼 부지런히 살아온 우리들/소액주주의 소박한 믿음"과는 다른 "대주주"들의 작태를 비판하거나(「을유년 새해 아침」), 아파트 공화국의 허장성세를 냉소적으로 적시하기도 한다(「우리 아파트」).

20세기와 21세기 사이의 대조를 통해 인생에 대한 의미 있는 성찰의 지평을 마련한 시편들 역시 적잖이 눈에 들어온다. 가령 「우체통」이란 시에서 시인은 "신촌 로터리 혼잡한 오거리"에서 "편지 한 통 부치려고 우체통 찾아/헤매는 저 노인"을 보라고 독자들에게 청유한다. 복잡한 그곳에는 빨간 우체통 하나 눈에 띄지 않고 다만 "핸드폰 걸면서 바쁘게 지나가"는 혹은 "밀려가는 행인들"로 북적댈 따름이다. 그런 와중에 "머리가 허옇게 세고 검버섯이 돋"은 노인이 우체통을 찾고 있다. 그 노인을 보면서 시인은 성찰한다. "오래 생각하며 천천히 쓴 편지/봉투 한 구석에 정성껏 우표를 붙여서/우체통에 갖다 넣고/모레 들어갈까 글피에 들어갈까/답장을 기다리는 마음"을 직관한다. 그러나 그 노인의 존재는 분명히 시대착오적 이방인으로 여겨질 따름이다. 혹은 이미 용도 폐기된 무관심의 영역으로 치부될 뿐이다. "이어폰 귀에 꽂고/쉴 새 없이 문자질 하면서/갈 길 재촉하는 청소년"들과 그 노인은 확실히 대조된다. 이 대조를 통해 시인은 연민의 눈길을 보낸다. 그러면서 거듭 청유한다. "머지않아 우체통처럼 사라져버릴/저 20세기 인간을 보아두세요." 노년에 대한 눈길만이 아니다. 소릿길도 성찰의 길에서 어지간하다. 노년의 몸에서 생겨나는 "참으로 다양한 삶의 증세"(「몸의 소리」)를 성찰하고 "안으로부터 무너지는 소리"를 "송도음(松濤音)처럼" 듣는다. 그런 노년의 몸은 「이른 봄」에서 형상화한바, "봄꽃들"처럼 피어나는 여중생들의 몸과 대조의 거울상을 형성한다. 그런가 하면 흥선대원군과 그 며느리인 명성황후 사이의 관계를 알레고리로 활용한 것으로 보이는 「대원군의 늘그막」에서는 다섯 살짜리 손주로부터 "할아버지는 언제 하늘나라에 가느냐"는 참혹한 질문을 받는 노년이 등장한다. "제 엄마를 따라 이모네 다녀오더니/귀여운 목소리로" 물었다고 했다. 시종 흐트러짐 없는 아이러니의 어조로 차분한 생각거리를 제공한다. 어김없이 이순(耳順)의 성찰적 경지다.

오늘 연민의 대상인 노년의 어제를, 그 세월을, 시인은 차분하게 성찰한다. 그들은 한국 근현대사의 질곡을 거치며 "춥고 배고프고 괴로운 온갖 세월 겪으면서/지금까지 살아남았지/힘들게 자식들 키우고 가르쳐서/청장년 세대로 길러"(「배추꼬랑이」)낸 세대들이다. 이런 존재값은,

그러나, 오늘의 현실에서 애써 외면되고 만다. "한평생 고생한 보람 없이/이제 와서 잘못 살았다 욕먹고/환갑도 되기 전에/등 밀려 일자리 떠난 퇴직자들" 처지로 전락하고 마는 것이다. "배추꼬랑이 신세가 되고"마는 것이다. 지난 "시간의 바퀴는 보증수리도 안 되"(「어둡기 전에」)는데, "그나마 남은 시간 점점 줄어"드는데, 지난 시간의 존재값을 제대로 보증받지 못하는 안타까움에 대한 성찰의 눈길이 도저하다. 최근작 「치매환자 돌보기」는 그 극적 풍경이다.

    어려운 세월 악착같이 견뎌내며
    여지껏 살아남아 병약해진 몸에
    지저분한 세상 찌꺼기 좀 묻었겠지요
    하지만 역겨운 냄새 풍긴다고
    귀여운 아들딸들이 코를 막고
    눈을 돌릴 수 있나요
    척박했던 그 시절의 흑백
    사진들 불태워버린다고
    지난날이 사라지나요
    그 고단한 어버이의 몸을 뚫고 태어나
    지금은 디지털 지능 시대 빛의 속도를
    누리는 자손들이 스스로 올라서 있는
    나무가 병들어 말라죽는다고

그 밑동을 잘라버릴 수 있나요
　　　　　　—「치매환자 돌보기」 부분

　구차한 설명을 보탤 필요도 없는 시다. 어려운 세월을 견디며 오늘을 이룬 세대를 치매환자가 되었다고 돌보지 않으려 하는 세태를 시인은 간명한 언어로 표현한다. 감탄고토(甘呑苦吐)의 가벼운 세태를 비판적으로 거스르며, 김광규는 자기 세대의 진실을 새삼스럽게 가을 거울에 비추고 어루만진다. 「잃어버린 비망록」 「어느 날」 「전화번호 지우기」 등의 시편에서 시인이 "돈으로 환산할 수 없는 가치"(「잃어버린 비망록」)를 지닌 "색깔이 바래가는 비망록만/뒤적거"(「전화번호 지우기」)리는 것도 그런 이유 때문이다. 일찍이 「희미한 옛사랑의 그림자」를 비롯한 수많은 시편들에서 자기 세대의 부끄러움과 잘못을 냉철하게 비판해왔던 시인이기에, 자기 세대에 대한 늦은 변호 역시 나름의 설득력을 확보한다. 돌봐지지 않는 치매환자 처지가 된 핵심 요인으로, 시인은 시간의 파시스트적 가속도와 더불어 사는 삶의 가치의 실종 현상을 지목한다. 「어둡기 전에」에서 아이들의 시간과 노년의 시간은 극명하게 대조된다. "퀵보드 타고 가볍게 스쳐가는 아이들"은 "시간을 앞질러" 질주한다. "잠도 안 자며 맹렬한 속도"로 내달린다. 이런 파시스트적 가속도는 오로지 앞만 보고 질주할 뿐 어제와 오늘과 내일의 의미론적 시간 연쇄를 성찰하지 않는다. 어제는 없다. 오늘의 현상적 시간만 시시각각 명멸할 뿐이다. 그러니 노년은 그런 아이들의 시간에 의해 속절없이 쫓김을 당할 뿐이다. 그 시간의 바퀴를 피할 도리가 마땅치 않다. 「산 아래 동네」 「세발자전거」 「그리마와 더불어 2」 등의 시편들에서 보이는 "더불어 살겠다는 것"(「그리마와 더불어 2」)의 가치를 절절하게 강조한 것 역시 그런 미덕이 훼절된 현실에 대한 안타까운 성찰의 결과로 보인다.

그렇다고 해서 김광규가 현실에 체념하거나, 노년의 우울증에 감상적으로 빠져드는 것은 결코 아니다. 체념이 아닌 달관을, 미망인 아닌 성찰을, 노욕이 아닌 겸양의 미덕을 보인다.

> 시간의 바퀴 피해보려고 백미러를
> 힐끔힐끔 쳐다보며 가속페달 밟아보지만
> 소용없습니다 이제는 주행차선을
> 양보하고 천천히 갓길로
> 들어섰다가 인터체인지 진출로 따라
> 내려가야지요 어둡기 전에 　　 ─「어둡기 전에」 부분

어떻게 노욕에서 벗어나 노추에 빠지지 않을 것인가. 그러면서도 노년의 존재값을 허탈하게 포기하지 않을 수 있을 것인가. 김광규의 시적 질문이 새삼 의미심장하게

다가오는 장면이다. 정치 경제 사회 문화 각계에서 무리한 노욕 때문에 노추를 보인 안타까운 사례를 시인은 누구보다도 잘 아는 것처럼 보인다. 허장성세의 문제에 대해서도, 시간과 세월에 순명하지 않으려 했던 정치적 책략에 대해서도 이미 오랫동안 성찰의 눈길을 보냈던 시인이다. 그 누구보다도 차분하게 일상적 진실과 본원적 가치의 넓고도 깊은 부챗살을 예리하게 인식해왔던 시인이 바로 김광규다.

그 결과 김광규는 누구보다도 설득력 있는 시인처럼 보인다. 앞에서도 언급했듯이 그는 나날의 삶의 세목에서 시적 제재를 다양하게 취하되, 담담하고 차분한 어조로 이지적 담론을 펼쳐왔다. 물론 그가 추구하는 시적 정의는 설득력을 갖추지 못한, 잡스럽게 일그러진 세상과 인간사를 반성적으로 인식하여 진실을 회복하는 것이었다. 이를 위해 그는 시적 대상은 물론 시적 주제와도 차분한 거리 두기를 시도했다. 그에게 감정의 포즈나 수사적 몸짓 따위는 다른 동네의 이야기다. 섣불리 대상에 몰입하지도 동일화를 시도하지도 않는 거리 두기의 담론은 화자 자신을 포함한 우리 모두에게 진정한 반성의 지평을 알게 해왔다. 예전의 탁월한 시「안개의 나라」에서 분명히 했듯이, 많은 사람들이 안개의 두께를 감히 뚫지 못한 채 허황되고 표면적인 삶을 산다. 안개는 존재의 심연일 수 있다. 심연은 보이지 않는다. 그러나 심연의 진실에 이르기 위해서는 진정한 심안이 요구되는 법. 김광규는 그 깊고 넓은 심안으로 안개를 보고 또 소리를 들어왔다. 이지적 성찰과 아이러니 정신으로 빚은 시적 긴장으로 설득력 있는 시적 담론을 펼쳐 왔다. 이제 그는 제9시집을 상자하면서, 그 "시간의/부드러운 손"(「효자손」)을 쓰다듬으면서, 아홉수를 건너간다. 그가 새롭게 발견한 '가을 거울'의 시적 진실은 세월의 미학을 형상화하는 웅숭깊은 메타포다. 본원적 가치와는 상관없이 빠르게 질주하는 현실에서 비록 느리지만 진정한 삶의 가치를 오랫동안 비춰줄 소중한 시의 거울이다. 올 가을부터 해마다 가을이 되면 김광규의 시집을 차분하게 응시해야 할 것 같다. 내 삶의 거울 하나를 새롭게 마련한 것은 더할 수 없는 기쁨이다.